ISBN 978-0-259-60739-7
PIBN 10508716

1 MONTH OF
FREE
READING

at

www.ForgottenBooks.com

By purchasing this book you are eligible for one month membership to ForgottenBooks.com, giving you unlimited access to our entire collection of over 1,000,000 titles via our web site and mobile apps.

To claim your free month visit:

www.forgottenbooks.com/free508716

English
Français
Deutsche
Italiano
Español
Português

www.forgottenbooks.com

Mythology Photography **Fiction**
Fishing Christianity **Art** Cooking
Essays Buddhism Freemasonry
Medicine **Biology** Music **Ancient
Egypt** Evolution Carpentry Physics
Dance Geology **Mathematics** Fitness
Shakespeare **Folklore** Yoga Marketing
Confidence Immortality Biographies
Poetry **Psychology** Witchcraft
Electronics Chemistry History **Law**
Accounting **Philosophy** Anthropology
Alchemy Drama Quantum Mechanics
Atheism Sexual Health **Ancient History**
Entrepreneurship Languages Sport
Paleontology Needlework Islam
Metaphysics Investment Archaeology
Parenting Statistics Criminology
Motivational

CARTEGGIO INEDITO

DEL CONTE

ALGAROTTI

★★★★★★★★★★★★★★★★★★★★★★★★★★★★★

PARTE SESTA.

★★★★★★★★★★★★★★★★★★★★★★★★★★★★★

LETTERE FRANCESI.

LETTERE

DELLA MARCHESA

DI CHATELET (1)

AL CONTE

ALGAROTTI

I.

Il est bien juste, monsieur, que vous étant allé chercher à Paris, vous veniez
me

(1) Gabriella Emilia di Breteuil marchesa di
Châtelet, nata a Parigi nel 1706., e mancata a'

A 2   vivi

me rendre la pareille. Il seroit bien mal
à vous de partir pour **le Pôle**, sans faire

un

vivi nel 1749., occupa un posto luminoso fra
le donne superiori alla condizione del sesso.
Nelle grazie dello spirito, nella finezza del gusto, nell'amabilità del carattere uguagliò le Ni-
non e le Sévigné; e nell'amor dello studio,
nell'estensione e profondità del sapere tenne
fronte ai più illustri filosofi e matematici del
suo tempo, ai Mairan, ai Maupertuis, ai Clairaut; dei quali fu l'amica e la protettrice costante, come lo fu in particolar modo di Algarotti e di Voltaire. Monumenti indelebili del
suo valore scientifico rimangono alla posterità
I. *Le Instituzioni di fisica* indirizzate a suo
figlio, nelle quali venne a capo di rendere in-
telligibili, e di rabbellire le immaginazioni sublimi ed astratte di Leibnizio. II. Una dissertazione sulla *natura e propagazione del fuoco* la
quale ottenne *l'accessit* al concorso su questo
argomento aperto dall'Accademia delle scienze
di Parigi. III. *La traduzione dei principj matematici di Newton* illustrata d'un comentario
algebraico, opera perfetta nel suo genere e ba-
stante a stabilire la riputazione di ogni più
gran matematico.

un tour en Champagne, et j'ai toujours
espéré que vous étiez incapable de me
jouer un aussi vilain tour. Je ne sais si
vous convertirez Clairaut (1); mais je serai
encore trop heureuse s'il ne vous pervertit
point: monsieur de Maupertuis me l'a en‑
levé; il croit que, pourvu qu'il sache pren‑
dre la hauteur d'une étoile, cela suffit,
et qu'il n'est point nécessaire de venir
prendre celle de Cirey. On n'a de pire
que des siens. Mr. de Maupertuis de‑
voit donner l'exemple, et venir philosopher
ici; mais il le recevra de vous. N'allez
pas après cela vous repentir de votre pro‑
messe. Vous ne trouverez pas mon château
encore fini, mais j'espere que vous serez
content de votre appartement, et sur-tout
du plaisir que je me fais de vous y rece‑
voir. Voltaire, qui le partage, et qui vous
desire avec l'empressement que votre ami‑
tié

(1) Matematico ed astronomo insigne, com‑
pagno a Maupertuis nella celebre spedizione
al Polo per la misura del grado del meridia‑
no, onde sciroglier la famosa disputa intorno
la figura della terra.

tié pour lui lui inspire, se prépare à chanter vos exploits Polaires : vous accorderez
votre luth ensemble. Le voyage des Argo-
nautes n'aura jamais été plus célébré, et
assurément n'étoit pas plus digne de l'être.
Je vous avoue cependant que je me ferois un plaisir extrême de vous voir bor-
ner vos courses à Cirey ; peut-être seroit-il
aussi sensé de passer votre hiver tranquil-
lement à philosopher avec nous. J'ai une
assez jolie bibliotheque. Voltaire en a une
toute d'anecdotes ; la mienne est toute philosophie. J'apprens l'italien pour votre arrivée ; mais les menuisiers et les tapissiers
y font bien du tort. Je suis plus occupée
qu'un ministre d'état, et beaucoup moins
agitée : c'est à peu près ce qu'il faut pour
être heureuse. Votre société augmentera
encore les charmes de ma solitude. Ve-
nez-y donc, monsieur, et soyez persuadé
du plaisir extrême que je me fais de vous
y recevoir.

J'ai vu dans la gazette, que mr. Zeno est rappellé : j'en serois bien fâchée
pour mad. l'ambassadrice ; car je crois
qu'elle seroit fâchée de quitter sitôt Paris.

Je

Je vous supplie de lui dire mille choses pour moi ; car vous la verrez sans doute avant de partir. J'espere que vous m'apporterez vous-même la réponse à cette lettre ; votre chemin est la grande route depuis Charenton jusqu'à Bar-sur-Aube ; la poste de Bar-sur-Aube vous amenera chez moi ; il n'y a que quattre lieues. Ils y viennent souvent, et cela est plus sûr que des relais. Si vous voulez pourtant m'avertir à tems, je vous en enverrai a Bar-sur-Aube.

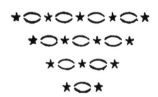

II.

De la chambre des Bains ce 8. mars.

JE vous écris, monsieur, au nom de deux personnes bien fâchées. On mande à mr. de Voltaire qu'on va lui envoyer le *Jules César*, et que la lettre italienne n'y est pas (1). Mr. de la Marre n'a pas daigné l'informer plutôt de cette circonstance, et il avoit cependant mandé expressément que sans cette condition il ne vouloit pas qu'il fût imprimé. Il craint que ce ne soit vous qui vous soyez repenti de l'honneur que vous lui aviez fait, et que vous n'en ayez empêché l'impression. Il est certain qu'on ne pouvoit lui faire un plus grand tort, que de le priver de recevoir une marque publique de votre amitié

(1) La lettera italiana di cui si fa qui parola, che fu messa innanzi alla prima edizione del *Cesare* di Voltaire, è la prima delle pistole comprese nel volume IX. di questa edizione.

tié et de votre estime; et il le sent bien
vivement. Il vous feroit des plaintes bien
plus tendres et bien plus pathétiques que
moi, s'il n'étoit pas malade : mais vous
connoissez sa malheureuse santé; elle a toujours été bien languissante depuis votre départ. On lui a mandé que vous étiez en-
rhûmé : ce seroit un vrai tems pour m'écrire. En vérité je pourois me plaindre de
vous bien sérieusement. On peut avoir des
négligences dans le commerce, mais il n'
est pas permis d'en avoir dans les choses
essentielles; et assurément celle que je vous
ai confiée, est de ce nombre. Renvoyez-la
moi au plutôt; vous savez que je ne puis
la recevoir en des circonstances plus favorables. Adieu, monsieur; je vous aime
malgré tous vos torts; et vous pouvez compter que vous parcourerez bien des pays
avant que de trouver un coin du monde
où l'on vous aime et où l'on vous desire
plus qu'à Cirey.

Nous avons une consolation; c'est que
la lettre sera imprimée en Hollande, quelque chose qui ait pû l'empêcher à Paris.

III.

A' Cirey le 20. mai.

Savez-vous que vous me rendez la vie en m'ôtant un sujet de me plaindre de vous? Je vous avoue que j'étois au désespoir d'être obligée de ne vous plus aimer. Pardonnez-moi d'avoir soupçonné votre fidélité: mais que vouliez-vous que je pensasse? Non seulement vous ne répondiez pas à nos lettres, mais on me mandoit que vous étiez parti, et cela sans avoir aucune nouvelle de ce que je vous avois confié. J'étois bien loin de penser que vous en eussiez chargé mr. de Châtelet. Comme il n'est revenu ici que le 15. d'avril, il y avoit un mois qu'il avoit votre boîte, et par conséquent votre lettre. Il ne vous en coûtoit pas beaucoup de m'en donner un mot d'avis par la poste : vous m'auriez épargné bien du chagrin, bien des inquietudes, et sur-tout une lettre que j'ai écrite à mr. Franchini, et dont je me re-

pens

pens bien, s'il vous en a fait part. Je vous
en demande mille pardons; mais j'y parlois comme quelqu'un qui se croyoit cruel-
lement offensé par la personne du monde,
de la sagesse de qui j'aurois cru pouvoir
répondre avec le plus de sureté. Je suis
dans des transes infinies que cette lettre-ci
ne parvienne point jusqu'à vous, et que
celle que j'écrivois à l'abbé Franchini ne
vous ait été rendue. En ce cas mettez-vous
à ma place, et voyez qu'on m'avoit mandé bien positivement de Paris que vous
étiez parti; que je croyois que vous aviez
emporté, ou que vous aviez sacrifié ce que
je vous avois confié par un sentiment d'estime et d'amitié bien singulier à avoir pour
un homme de votre âge; mais c'étoit à
l'auteur des dialogues et non à un jeune
homme de 22. ans à qui j'avois confié *my
picture*. Enfin le dieu des beaux arts et
celui qui préside à l'amitié soient loués
de ce que vous n'avez déshonoré ni l'un
ni l'autre par une vilaine action. Il ne me
reste qu'à vous demander pardon de vous
en avoir soupçonné, et à vous assurer que
vous me l'auriez pardonné vous-même, si

vous

vous aviez pu voir combien j'étois affligée,
et combien j'ai combattu les apparences.
Me voila bien guérie de m'y fier. Je vous
remercie de vos petits portraits ; je les ai
envoyés à Paris pour en faire faire des ba-
gues. Celui de mr. de Voltaire est infiniment mieux que l'estampe, quoiqu'il ne
soit pas encore parfaitement ressemblant ;
c'est une jolie galanterie que cela. Vous
nous aviez promis vos *Dialogues sur la lumiere* en manuscrit : nous les attendions
avec impatience, mais vous-ne nous avez
pas tenu parole ; apportez-nous-les donc.
Vous avez emporté cette esquisse de ma
figure ; j'aurai donc l'honneur d'être à la
tête de cet ouvrage plein d'esprit, de graces, d'imagination et de science. J'espere qu'en mettant mon portrait à la tête,
vous laisserez sousentendre que je suis votre Marquise. Vous savez que l'ambition
est une passion insatiable ; je devrois bien
me contenter d'être dans l'estampe, je
voudrois à présent être dans l'ouvrage, et
qu'il me fût adressé ; mais ne croyez pas
que je prétende à cet honneur sans songer
à le mériter. J'apprens l'Italien, non seu-
le-

lement pour l'entendre, mais peut-être pour
le traduire un jour. Je m'exerce, dans l'art
de la traduction, pour m'en rendre digne.
Je traduis *the fable of the bees* (la fable
des abeilles) de Mandeville; c'est un livre
qui mérite que vous le lisiez, si vous ne le
connoissez pas; il est amusant ét instructif. Vous voyez que je vous confie mes
occupations.

Mais que sont devenues ces lettres que
vous vouliez faire sur notre Nation? Apportez-nous tout cela, et vos dialogues, et sur-
tout venez; c'est la seule façon d'avoir
votre absolution, et de me donner la mienne. Vous aurez bien des avantages sur moi
après avoir passé trois mois en Angleterre;
mais vous en avez déja tant d'autres, que
je me garde bien d'en être fâchée. Souvenez vous toujours que vous m'avez promis que nous y irions ensemble; il faut auparavant que nous allions en Lorraine cet
automne: je vous attens pour cela; je ne
puis croire que vous me manquiez de parole. Encore, voyez à quoi l'irrégularité
dans le commerce expose; la vôtre a pensé nous brouiller; j'espere que cela vous

en

en corrigera. Vous êtes trop aimable pour
conserver un défaut. Vous trouverez, si
vous venez, Cirey bien changé; mais j'ai
eu beau vous parler des entresolles; vous
ne m'avez rien répondu; ainsi je ne vous
en parlerai point: tout ce que je vous en
dirai, c'est que je compte m'y baigner
dans quinze jours. J'attens votre retour
d'Angleterre pour faire les expériences sur
la lumiere, et pour voir l'anneau de Sa-
turne. Je fais faire une chambre en haut,
où nous pourrons faire les expériences des
dialogues. J'ai vu *la luce* avec grand plaisir parmi les livres de mon portrait, et un
beau prisme sur la table: vous sentez bien
qu'après cela j'ai un droit incontestable
sur l'ouvrage. Je ne sais si vous savez que
mr. de Voltaire me fait l'honneur de me
dédier Alzire: il parle de vos dialogues
dans mon épître. Quand je saurai où vous
prendre, je vous en enverrai un exemplaire, ou bien je vous en garderai un à Cirey; car je veux que ce soit moi qui vous
en donne un.

Croirez-vous que le premier des Émiliens
n'est point à Cirey? il m'a quittée pour
cette

cette grande vilaine ville où malheureusement il avoit à faire. J'espere qu'il n'y
sera pas longtems. Je lui ai envoyé votre
lettre ; il sera aussi content que moi de
vous voir justifié : il étoit au désespoir de
croire que vous ne nous aimiez plus , et,
que vous ne vouliez plus que nous vous
aimions. Avez vous été content du son-
net (1)? Tiriot nous a mandé qu'oui , et
cela redoubloit notre étonnement de votre
éternel silence. Les Maupertuis et les Clairauts sont partis sans m'écrire; ils prétendent qu'ils m'écriront de Dunkerque. Je
suis bien aise que vous ne soyez pas du voyage, je vous le jure. Maupertuis a dit à
mr. de Châtelet qu'il avoit envie de venir passer la semaine sainte avec moi , mais
que vous deviez être de la partie, et que
vous aviez manqué de parole : si je parlois
une douzaine de langues, vous seriez venu.

Je n'ai jamais lu un mot si juste que
le vôtre sur l'abbé de Rotelin , et l'abbé
Segny ; il est bien honorable pour notre
lan-

(1) Sonetto del sig. di Voltaire in lode dei
Dialoghi sulla luce del co: Algarotti.

langue que vous la sachiez si bien ; c'est bien vous qui êtes de tous les pays. Je m'apperçois que je m'abandonne au plaisir de vous écrire. Il faut que je vous dise encore que l'abbé Nollet m'a renvoyé ma chambre obscure, plus obscure que jamais ; il prétend que vous l'aviez trouvée fort claire à Paris : il faut que le soleil de Cirey ne lui soit pas favorable ; il ne l'a point raccommodée. Il me mande qu'on ne voit à sa porte que des carrosses de duchesses, de pairs et de jolies femmes. Voila donc la bonne philosophie qui va faire fortune à Paris. Dieu veuille que cela dure !

Avez-vous lu la traduction en prose de l'*Essay on man* (l'Essai sur l'homme)? on dit qu'elle a bien réussi à Paris : elle est de Prevost. L'abbé de Resnel va donner la sienne en vers. Il est bien étonnant que cela passe, et que les *lettres philosophiques* soient brulées. Plus je relis cet ouvrage de Pope et plus j'en suis contente. J'ai trouvé dans la quatrieme épître, que vous n'avez jamais voulu lire avec moi, un vers que j'aime beaucoup :

An.

An honest man's the noblest work of god.

(Un honnête homme est le plus noble ouvrage de dieu.)

Voltaire a été choqué de ces deux-ci,

All reason's pleasures, all the joys of sense
Lie in three words, health, peace, and competence.

(Tous les plaisirs de la raison, tous les plaisirs des sens
Consistent en trois mots, santé, paix, et aisance.)

et voici ce qu'il a répondu :

Pope l'anglois ce sage si vanté
Dans sa morale au parnasse embellie
Dit que les biens, les seuls biens de la vie
Sont le repos, l'aisance et la santé.
Il s'est mépris : quoi? dans l'heureux partage
Des dons du ciel faits à l'humain séjour
Ce triste anglais n'a pas compté l'amour?
Pope est à plaindre ; il n'est heureux ni sage.

Thétis et Pélée vous dégoûtera de notre opéra. On dit qu'il est remis au theâtre à faire pleurer ; c'etoit un opéra charmant avec Nowaire et la le Maure. Avez-vous vu cette musique du pere Castel? mandez-le-moi, je vous en prie. Vous avez sans doute été de cette triste fête de mr. de

To: XVI.   B   Stain·

Stainville : on me mande qu'on y a bien
bu à l'allemande. Il n'y a point de belles
fêtes sans femmes. Avez-vous envoyé ma
lettre à mr. de Froullay ? je n'en ai point
eu de réponse. Vous m'avez perverti les
Maupertuis, les Clairauts, les Franchini ;
je n'entend non plus parler de tous ces
gens-la, que s'ils ne m'aimoient pas. Je
crois que Maupertuis ne me pardonne point
de vous avoir conseillé de ne point aller
au Pôle ; mais il n'avoit qu'à dire ; je lui
aurois conseillé aussi de n'y point aller.
Je craignois toujours que vous ne vous lais-
siez tenter, et je vous aimois trop pour n'en
être pas fort fâchée ; car vous aurez beau
m'oublier, je vous aurai toujours une obligation extrême de m'être venu voir dans
ma chartreuse. A propos de chartreuse,
que dites-vous de tous ces chiffons de Gresset ? Pour moi je vous avoue que je n'en
fais pas grand cas, et que je ne vois pas
sur quoi l'enthousiasme du public se fonde.
J'espere que ce n'est pas le même public
qui pleure à *Alzire,* et qui applaudit à
Vert-vert. Adieu, monsieur : la longueur
de cette lettre est une punition de votre
pa-

paresse. J'espere que vous y répondrez à deux fois quand vous verrez quel risque elle vous fait courir. Voltaire vous dit mille choses tendres. Envoyez-moi la traduction de *l'essay on man* (l'essai sur l'homme), et mandez-moi ce que c'est qu'une pasquinade qu'on dit que Servandoni prépare.

IV.

A Cirey ce 7. janvier.

Vous pardonnerez sans doute, monsieur, à l'affliction où j'ai été, le tems que j'ai mis à vous répondre; nous sommes à présent un peu plus tranquilles, et Cirey a repris tous ses charmes. Ronceine est surement innocent, et personne n'a de copies de ce charmant et malheureux ouvrage (1). Tiriot est bien plus heureux de souper si souvent avec vous, que de recevoir un petit billet de ma main; il a servi son ami dans cette occasion comme je veux que l'on serve: et comme je n'avois d'autre reproche à lui faire, j'ai été charmée de lui pouvoir rendre justice. Vous êtes trop bon de vous tant embarrasser de mes commissions. Pourvu que vous ne négligiez pas *my picture*, je serai très-contente, car je ne suis pas si difficile à vivre

(1) Lettre de mr. de Voltaire *sulla felicità.*

vre que vous croyez. Je connois le tour-
billon, et combien il est difficile de n'en
pas être emporté. Neuton a détruit ceux
de Descartes, mais on ne détruira jamais,
je crois, celui-là. *The woman of your coun-
try* (la femme de votre pays) a une bien
grosse tête pour avoir tant réussi à la Cour;
elle se seroit bien passée du compliment
du cardinal (1); Mandez moi qui est ce
qui a été avec elle à Versailles. Le Gresset me paroit à la mode; je n'ai point
vû sa *Chartreuse* dont on dit du bien; mais
pour (2) *Vert-vert et le Pupitre vivant* ils
méritoient qu'on le laissât jésuite.

On ne me mande pas de bien de la Zo-
raïde de le Frêne; j'espere que nous pas-
serons avant lui; du moins si justice est faite. Voltaire a écrit une belle lettre à nos
seigneurs les comédiens; si vous voulez je
vous l'enverrai. Mon cher ami Lerand est
arrivé; ma belle lettre a fait son effet.
Nous lisons tous les jours de l'Arioste; je
compte parler italien à votre retour ici,

Sou-

(1) Il cardinale di Fleury.
(2) Titolo di due poemetti di Gresset,

Souvenez vous de votre parole pour le mois
d'août, et ayez *robur et æs triplex* pour
vous défendre de Maupertuis et du Pôle.
On me mande qu'ils commencent à se dé-
goûter de leur voyage ; ce qui est sûr c'
est qu'ils le sont de moi l'un et l'autre,
car je n'ai pas oui parler d'eux depuis les
lettres que vous leur avez envoyées pour
moi ; me voila brouillée avec le Pôle arcti-
que et le Pôle antarctique. Je ne sais pas
trop pourquoi. J'ai répondu à la lettre que
vous m'avez envoyée de l'abbé Franchini
par une lettre bien triste, mais la premiere fois que j'aurai de l'imagination, je réparerai cela.

Mandez moi si vous avez vû mad. de
s. Pierre et mad. de Richelieu. D'Argental me paroit enchanté de vous ; il est
digne de vous plaire et de vous aimer ;
c'est un ami charmant : parlez de moi ensemble, je vous supplie. On a envoyé des
corrections ; je ne sais trop comment on
a arrangé tout cela, mais j'espere, si nous
avons mlle. du Fresne pour Alzire, que
cela sera bien reçu. Adieu, monsieur ; il
est impossible d'être plus aimé et plus regretté que vous l'êtes à Cirey.

V.

Je vous ai envoyé, monsieur, un manu•
scrit in - folio qui ne vaut pas les quatre
feuilles imprimées que je vous envoie. Je
n'ai le front de vous envoyer les louanges
excessives que l'on m'y donne, que parce que l'on vous y rend la justice que vous
méritez. La piece n'est pas encore finie
d'imprimer, et cela auroit fait un trop gros
paquet. Je vous supplie de faire ensorte
que la reine d'Angleterre, qui sait le françois à merveille, la voye ; et que si on
imprime, ou qu'on traduise Alzire en Angleterre, l'épître soit imprimée et tradui-
te. Ils me doivent cette attention pour
mon admiration pour leurs ouvrages, et
mon goût pour leur nation ; de plus on
n'y cite presque que des Anglois. Il y a
eu à Paris plusieurs éditions d'*Alzire*, et
l'épître dédicatoire n'a pas été mise à toutes. Vous savez toutes les tracasseries que
l'on essuye à notre imprimerie, et l'inquisition qui regne en France dans les lettres.

Je

Je vous prie de me donner de vos nouvelles, afin que je sache où vous prendre pour
vous écrire dorénavant; car je crois que
l'Angleterre est prête à vous perdre. Je
me flatte cependant que ma lettre vous y
trouvera encore. J'en ai enfin reçu une
de nos deux Lappons (1) dans le moment
de leur embarquement. Adieu, monsieur;
écrivez-moi, et aimez toujours un peu Cirey. Voltaire est toujours dans cette gran-
de-vilaine ville à jouir de son triomphe;
on est fou de lui. On lui fait jouer l'opéra exprès pour lui. Je serois bien fâchée
que les honneurs changeassent les moeurs;
Vous êtes faits tous deux pour aimer Cirey, et on vous y aime.

(1) M. M. di Maupertuis e Clairaut spediti
da Luigi XV. in Lapponia per determinare la
misura della terra.

VI.

A Cirey 15. *juin* 1736.

Je suis bien plus contente de vous à Londres qu'à Paris. Je vois bien que l'Angleterre est le pays des vertus, aussi bien que le pays des choses ; cependant je desire que vous le quittiez bientôt pour venir quelques jours à Cirey en passant votre chemin pour le pays des arts et des indulgences ; ces deux choses ne sembleroient pas faites pour croître dans le même terroir. Le premier des Émiliens (1) arrive a la fin de la semaine. Si vous saviez tout ce qu'il a essuyé et supporté a Paris, vous seriez bien étonné qu'il ne fut pas par de là la mer ; Mais l'amitié qui le retient dans le dangereux pays des riens, ne l'a pas pû souffrir. Ce pays-ci, (charmant d'ailleurs) n'est pas la patrie des gens qui pensent ; mais je compte pouvoir dire, comme le fils de l'

hom-

(1) M. de Voltaire.

homme: mon Royaume de Cirey n'est pas
de ce monde. J'ai bien peur que mon
épître (1) ne soit pas dans les deux éditions qu'on a faites à Londres, mais je serois inconsolable si elle n'étoit pas dans
la traduction. Si le traducteur est ami de
la reine, il la traduira sans doute. J'espere que vous me manderez ce que la reine
en a dit; je ne crois pas qu'elle pense
comme mad. la duchesse du Maine qui a
trouvé l'endroit de la petite fille du grand
Condé assez bien, tout le reste fort medio-
cre; et sur-tout, elle n'est pas encore reve-
nue de l'étonnement où elle est de voir
tant de louanges s'adresser à une autre
qu'à elle; elle est ivre de mauvais encens, mais je crois (pour peu qu'elle vive encore) qu'elle aura tout le tems d'en
rabattre.

En, cas qu'on traduise l'épître, m. de
Voltaire a fait du siecle des *choses* celui
des *idées;* et cela parceque, depuis qu'on
a tourné en ridicule, *fort de choses* (expression

(1) Epistola di Voltaire a madama du Châ-
stellet premessa all'*Alzira*.

sion de feu mr. de la Motte et dont même m. de Voltaire a parlé dans le *Temple du goût*) le mot de *chose* est devenu ridicule : aussi vous savez qu'il n'en faut pas tant chez-nous, et qu'on est accoutumé a y sacrifier la force, et l'energie des expressions aux caprices des femmes de la Cour.

Je vous avoue que je n'ai jamais connu le sentiment de l'envie que pour vous ; mais vous êtes trop heureux aussi de joindre à tous les talens et à tous les gouts le bonheur de pouvoir les satisfaire avec cette liberté qui les fait naître, et qui seule les peut soutenir. Vous avez vû le *Jules César* de Shakespear ; vous allez voir *Onfort* et *Blenkeim* (1), et ce qui est plus rare encore, vous voyez des hommes capables de connoître votre mérite, et dignes de vivre avec vous. Malgré ma jalousie, je partage votre bonheur; et si vous conservez toujours quelque amitié pour moi, et sur-tout si vous venez me voir, je ne pourrai me plaindre de mon sort.

(1) Dramma inglese.

VII.

A' Cirey ce 10. juillet.

Cirey s'embellit tous les jours pour vous recevoir. Son plus grand ornement, le premier des Émiliens y est de retour, il ne vous a point écrit de Paris, mais aussi-tôt qu'il a été à Cirey, il n'a rien eu de plus pressé que de vous dire combien on vous y aime, et combien on vous y desire. J'ai toujours eu un desir extrême de voir l'Angleterre: mais depuis tout ce que vous m'en mandez,. ce desir est devenu une passion. Je ne désespere pas de la satisfaire quelque jour. Je vous ferai part sur cela de mes projets. Je serai peut-être la premiere femme qui ait été en Angleterre pour s'instruire, et 'le motif; seul doit me conciler un peuple qui me doit déjà quelque reconnoissance de mon estime pour lui. Je compte encore beaucoup sur l'amitié dont vous m'honnorez. Vous comprenez bien que si je suis jamais assez

heu-

heureuse pour faire ce voyage, je veux que ce soit sous vos auspices. Vous n'avez pas cru apparemment que le premier des Émiliens fut l'historien de Stanislas (1). Il faut être Louis XIV, ou Charles XII. pour mériter cet honneur. Je vous prie de le laver de cette calomnie, et sur-tout de ne la pas croire. Venez à Cirey; nous avons bien des choses nouvelles à vous montrer; mais ce que vous ne trouverez jamais changé, c'est l'amitié, l'estime et la considération qu'on y a pour vous.

(1) Stanislao Re di Polonia.

VIII.

'A' Cirey ce 18 ottobre.

ÊTES vous enfin arrivé à Venise?- êtes
vous dans les neiges des *Alpes?* quelque
part où vous soyez, pensez vous à Cirey?
on y pense beaucoup à vous, on vous y regrette, on vous y desire, on voudroit partager avec vous la joie que l'on y a du
succès de la petite comédie. Elle a été reçue presqu'aussi bien qu'Alzire; mais ce
qu'il y a de piquant au milieu de tout cela, c'est que, comme on ne connoit point
l'auteur, on la donne à Pirron, à Gresset,
à tous les Poëtes possibles . On nomme
aussi Voltaire; mais j'éspere que ce ne
sont pas les mêmes gens. J'ai reçu une
lettre du pôle; Maupertuis me mande que
vous mériteriez d'y être, pour n'avoir pas
voulu y aller: cela vous fait voir que vous
êtes fort heureux de n'y être pas. Je vous
envoie une lettre qu'on vous adresse ici.
Cés gens là croyoient que vous ne me tien-
driez

driez pas rigueur, et que je ne serois pas
assez douce pour vous laisser partir si promp-
ptement; mais j'aime mes amis pour eux
mêmes, et pour leur plaisir. Quand vous
voudrez contribuer au mien, écrivez moi;
mandez moi vos occupations, vos projets,
et sur tout n'oubliez pas celui de venir quelque fois philosopher avec nous. Le premier
des Émiliens ne se porte pas bien, mais
il vous dit mille choses tendres; pour moi
vous savez bien que je suis décidée à avoir
pour vous toute ma vie une amitié inal-
térable.

Je vous prie de ne jamais mettre de
complimens dans vos lettres.

★○★○★○★
★○★○★
★○★

IX.

A' Cirey ce 11. janvier 1737.

Nous ne sommes plus guéres dignes ni
Cirey, ni moi, Monsieur, de l'honneur
que vous nous faites de nous chanter. Cirey n'est plus que des montagnes, et moi
une personne fort malheureuse. La gazette vous aura deja peut-etre apris une partie de tout cela, et vous vous serez bien
douté que quand mr. de Voltaire nous a
quittés, tout bonheur, tout agrément, et
toute imagination nous a aussi abbandon-
nés. Il y a un mois qu'il a sacrifié Cirey
à sa reconnoissance pour les bontés dont
le Prince Royal de Prusse l'honore. Le
Prince lui a envoyé son portrait, et lui a
écrit cent lettres plus flatteuses et plus
pressantes que celles que vous avez vuës
(car je crois que vous avez lù la premiere)
enfin il n'a pû tenir contre tant d'empressement, et tant de bonté. Je vous laisse
à penser si j'ai eu de la péine à y consentir;

tir; mais j'ai sacrifiè mon bonheur à son
devoir, et à la nécessité où il étoit de faire le voyage. Je suis bien en peine de sa
santé. Je crains qu'elle ne résiste pas à
un climat et à une saison qui lui sont si
contraires; mais c'est assez vous parler de
mes malheurs. Il faut vous dire qu'au milieu de la tristesse et de l'abattement de
mon ame j'ai ici un plaisir sensible à recevoir de vos nouvelles. Que votre *Chartreuse* m'a paru charmante! je me suis un
peu plus familiarisée avec la *bella lingua
italiana* depuis votre départ; ainsi j'en ai
mieux senti la finesse et les beautés de votre ouvrage; je l'ai envoyé au premier des
Émiliens, qui est assurément le Pere Prieur
de votre Chartreuse. Vous êtes faits pour
réussir sur les mêmes sujets. Son *Essai sur
la Philosophie de Neuton* étoit prêt à être
imprimé, quand il est parti; mais il y a
apparence que son voyage en retardera la
publication. Comme les Alpes séparent votre mission, je crois qu'il est bien égal,
le quel de vos deux ouvrages paroisse le
premier. S'il en étoit autrement, mr. de
Voltaire vous céderoit le pas par mille rai-

sons; cette considération a été la seule raison
pour la quelle il ne vous en a pas parlé:
le votre a été fait le premier; il faut qu'il
paroisse le premier. Je vous avertis que je
veux absolument que mon portrait y soit;
faites votre compte comme vous voudrez;
mr. de Fontenelle a plus d'esprit que moi,
mais j'ai un plus joli visage que lui; voila
ce qui fait que je l'exige. Je crois que
vous trouvez mr. de Froullay bien aimable, et que vous remerciez le Ciel de n'être
pas né un des tirans de votre païs; car
après le malheur d'être tirannisé, le plus
grand pour quelqu'un qui pense, c'est de
tiranniser les autres. Parlez quelquefois
de moi à mad. Zeno; elle ne m'a pas répondu à la lettre que vous lui avez portée
de ma part. Pour elle, elle tirannisera tous
ceux qu'elle voudra; mais son empire est
doux. Dites-moi si mr. Foscarini est à Venise: j'espere que vous me ferez tenir par
mr. l'ambassadeur le premier exemplaire
de votre ouvrage. Je vous conseille de vous
dépêcher de le faire imprimer, et de repasser vite les monts. Je ne sais si vous
oserez passer à Cirey après la perte qu'il
a fait;

a fait ; mais peut-être sera-t-elle réparée alors, car il m'a promis de revenir de Prusse ici.

Je desire mon voyage en Angleterre avec plus de passion que jamais ; je me donne la torture pour y trouver un prétexte ; car mr. du Châtelet aura bien de la peine a consentir à un voyage de pure curiosité ; il ne sait pas l'anglois, et il n'a pas lu les lettres de mylord Hervey, ni ses vers,

O freedom benefactress fair
How happy who thy blessing share.

(O liberté Divinité bienfaictrice
Combien heureux est celui qui partage tes graces)

Je vous avoue que je trouve ses vers, et ses lettres très-aimables, et que j'ai bien envie de voir un Païs où le beau monde est fait comme cela ; car dans le nôtre, on n'en a pas d'idée. Mr. l'ambassadeur m'écrit une grande lettre pour me remercier de votre connoissance, et pour me chanter vos louanges ; vous vous seriez bien connus sans moi, mais n'importe, ayez m'en l'obligation ; buvez encore à ma

santé, et soyez plus heureux que moi. Instruisez-moi de votre marche, et soyez sûr
qu'en quelque pays que vous alliez, vous
ne serez jamais plus admiré, ni plus aimé
que dans les montagnes de Cirey.

○○*☉*○*○*○*○*○*○*○*○*

X.

A' Cirey ce 10. *janvier* 1738.

Vous êtes comme le Royaume des cieux,
et violenti rapiunt illud. Je vois bien qu'il
faut vous passer votre paresse, et compter
toujours sur votre amitié; c'est le parti que
j'ai pris depuis long-tems; mais la mienne ne s'accommode point d'être des années entieres sans savoir de vos nouvelles
que par bricoles: il est impossible que vous
ayez oublié le petit coin du monde où vous
êtes tant aimé, tant regretté, tant souhaité, que vous avez habité, que vous avez
même célébré. Mon dieu, que nous avons
de choses à vous dire, et à vous lire! Je

ne veux point vous demander ce que vous
faites, car je sais que ce sont de ces choses qu'on ne dit point. Vous avez abandonné la Philosophie. Nous n'avons point
les *dialogues* à la tête des quels je devois
être ; j'en suis bien fâchée de toute façon ;
peut-être ne veut-on pas les laisser paroître
en Italie, de même qu'on ne veut pas que
les *élémens de Neuton* de votre ami paroissent en France ; je vous avoue que j'en
suis bien fâchée. On regarde dans ce Pays-
ci les Neutoniens comme des hérétiques.
Vous savez sans doute le retour de mr.
de Maupertuis ; l'exactitude et la beauté
de ses opérations passent tout ce qu'il disoit en espérer lui-même. Les fatigues qu'
il a essuyées sont dignes de Charles XII.
Je vous assure que votre petite poitrine
italienne s'en seroit bien mal trouvée. La
récompense de tant d'*exactitude* et de tant
de fatigues a été la persécution. La vieil-
le académie s'est soulevée contre lui, mr.
de Cassini et les Jésuites qui, comme vous
savez, ont trouvé à la Chine la Terre allon-
gée, se sont réunis ; ils ont persuadé aux
sots que mr. de Maupertuis ne savoit ce

C 3   qu'il

qu'il disoit; la moitié de Paris, et même
les trois quarts le croyent. Il a essuyé mille difficultés pour l'impression de la rela-
tion de son voyage et de ses opérations,
je ne sais s'il y parviendra. On leur a
donné des pensions si mediocres que mr.
de Maupertuis a refusé la sienne, et a prié
qu'on la répartît sur ses compagnons; enfin
on ne veut pas que mr. Neuton ait raison
en France. Il est cependant bien décidé,
et géometriquement démontré par leurs
opérations que la terre est aussi platte
que ses habitans. Si vous voulez je vous
enverrai la copie de la lettre qu'il m'a
écrite, vous y verrez ses sentimens, et la
façon dont on le traite; il doit venir ici
dès - que son ouvrage sera imprimé; il a
été à la veille d'être défendu comme un
Mandement d'Évêque, et je crois que c'est
cette circonstance qui a fait défendre l'impression du livre de votre ami. On a craint
que mr. de Voltaire, et mr. de Maupertuis réunis, ne subjuguassent tout le monde. Les académiciens du Pérou ne seront
vraisemblablement point plus heureux, car
ils trouveront les mêmes choses. Les expé-
rien-

riences du Pendule sont déjà les mêmes,
et il a fallu le raccourcir ; on a eu de leurs
nouvelles, du mois de Mars dernier ; ils
se portoient tous très-bien ; ainsi Godin
n'est point mort, comme on l'avoit dit ;
leur base étoit déjà tracée. Il faut un peu
vous dire des nouvelles de ce pays-ci,
après vous en avoir donné du Midi et du
Nord. Vous savez que votre amie mlle. de
Bouchet a épousé mr. d'Argental ; ce sont
les deux plus heureuses gens du monde.
J'aime d'Argental de tout mon cœur, et
je desire que sa femme m'aime ; ainsi
quand vous lui écrirez, dites-lui, je vous
supplie, du bien de moi.

Voila la Reine d'Angleterre morte ; mais
cela empêchera-t-il notre voyage ? j'espere
que non ; je vous attends pour le décider,
car je n'y veux pas aller sans vous ; mr.
de Maupertuis, et l'abbé du-Resnel y vien-
dront avec nous. Nous avons à présent
une salle de comédie charmante ; nous
avons joué *Zaïre*, l'*Enfant prodigue*, etc.
Vous ne connoissez pas cet *Enfant prodi-*
gue ; il est imprimé à présent, et surement
vous l'aimerez ; je vous l'enverrai par le

cousin Froullay, si vous voulez. Je veux vous envoyer l'épithalame de l'ami d'Argental, quand même vous ne le voudriez pas. Vous vous douterez bien de qui il est; montrez le à mr. de Froullay; Buvez à ma santé ensemble, et venez boire ici à la sienne. Adieu le plus paresseux des philosophes, le plus aimable des Italiens, adieu; mr. de Voltaire vous embrasse, et moi je vous aime malgré votre oubli.

XI.

A` Cirey 2. *fevrier* 1758.

Vous avez dû recevoir une lettre de moi
par la voye de mr. de Froullay qui a croi-
sé la votre, et qui vous aura fait voir,
monsieur, que vos fautes vous étoient par-
données avant même que vous les eussiez
reconnues. Ce n'est point avec moi que
vous devez avoir de mauvaise honte; vous
devez être trop sûr de mon amitié, et de
son indulgence. Il est vrai qu'il est bien
mal à vous de mettre des lacunes d'un an
dans un commerce où vous pouviez répandre tant de charmes. Je me flatte que cela ne vous arrivera plus.

Après votre lettre rien ne me pourroit
faire plus de plaisir que l'exemplaire de
vos *Dialogues* que vous me promettez; car
je ne l'ai pas encore. J'espere que mr. de
Froullay ne les retardera pas dès qu'il les
aura reçus. Mr. de Voltaire qui est ici les
attend avec autant d'impatience que moi.

Je

Je vous ai mandé les difficultés que l'impression de sa *Philosophie* rencontre ; je ne sais si on permettra qu'elle paroisse ; il n'y a rien, dit-on, contre la religion, mais on y manque de respect à Descartes ; car c'est lui manquer de respect que d'avoir raison contre lui. L'ouvrage de mr. de Maupertuis va enfin paroître ; il me promet de me l'apporter. Je sais que j'aurai bien besoin de lui pour l'entendre. Je serois bienheureuse si je pouvois vous rassembler tous deux ici. J'aime mieux ce rendez-vous-là, que celui du Pôle. Vous demandez si j'habite encore Cirey ; en pouvez-vous douter ? je l'aime plus que jamais. Je l'embellis tous les jours, et je n'en veux sortir que pour aller dans le pays de la Philosophie et de la raison ; mais vous savez bien qu'il vous appartient d'être mon guide dans ce voyage. Je l'ai remis à l'année prochaine dans l'espérance de le faire avec vous. Je crois que vous avez été fâché de la mort de la reine de ce beau Pays pour votre ami milord Hervey. Je voudrois que cet événement le fît voyager en France, et sur-tout à Cirey. Je ne perds point l'espé-

rance

rance de vous y revoir quelque jour. Je vous ai retrouvé, j'espere que c'est pour ne vous plus perdre. Vous vous êtes souvenu de moi en reprenant vos idées philosophiques ; quand vous serez redevenu tout à fait philosophe, vous viendrez nous voir. Je vous envoie l'*Enfant prodigue*; j'ai eu le plaisir de le jouer, et je me promets bien celui de le rejouer devant vous.

J'envoie à mr. de Froullay deux épîtres nouvelles de mr. de Voltaire *sur le bonheur*; elles ne sont encore connues qu'à Cirey, et elles ne vont à Venise que pour mr. de Froullay et pour vous. J'espere qu'elles nous attireront une réponse prompte de votre part. L'auteur vous embrasse tendrement; et moi, je vous assûre de l'envie que j'ai de vous revoir, et de vous dire moi·même quelle est mon estime, et mon amitié pour vous. Vous avez oublié que nous sommes convenus de ne nous plus faire des complimens; c'est toujours moi qui vous donne les bons exemples.

XII.

A' Cirey le 12. mai 1738.

JE n'ai pas encore pu avoir la satisfaction
de voir votre livre, monsieur; enfin on me
l'annonce pour ces jours-ci; Il n'y a que
vous que j'attende avec plus d'impatience;
celui à qui on l'a adressé à Paris vouloit le
garder; j'en aurois bien fait autant à sa
place. On vous annonce en France, où il
me semble que votre ouvrage a aussi bien
réussi que la dédicace a été peu approu-
vée. Je ne vous cache point qu'on a trouvé un peu extraordinaire qu'une explica-
tion du sistême de l'attraction fût dédiée
à son plus grand ennemi. Si cela le convertit, il n'y aura plus rien à desirer dans
votre ouvrage, et s'il ne le convertit pas,
il faut qu'il soit bien endurci dans son pé-
ché. L'ouvrage de mr. de Voltaire a paru précisément dans le même tems par le
pur hazard, et par la précipitation des libraires d'Hollande qui n'ont pas seulement
at-

attendu ni les derniers chapîtres, ni les corrections qu'il devoit leur envoyer. Nous espérons qu'en revenant recueillir les suffrages de la France, vous n'oublierez pas ceux de Cirey, qui sont très-sinceres, et où l'on s'intéresse bien véritablement à votre gloire; et nous vous prions instamment de passer par ici. Nous avons mille choses à vous dire qui doivent précéder votre retour à Paris.

Des raisons que nous vous expliquerons obligent mr. de Voltaire à ne point avouer certaines épîtres, dont vous avez, je crois, vu la premiere; ainsi nous vous supplions de n'en pas nommer l'auteur à personne, et d'avoir toujours quelque amitié pour les habitans d'un désert, où l'on vous aime, et où l'on vous regrette.

XIII.

A` Cirey ce 27. août.

Nous étions très en peine de vous, monsieur, et votre lettre m'a fait un véritable plaisir. Je suis ravie de vous savoir dans nôtre pays. Je ne puis me plaindre que vous alliez recevoir à Paris les applaudissemens que votre livre charmant mérite. On me mande qu'il y réussit comme nous vous l'avions prédit mr. de Voltaire et moi. Il est bien aisé de dire la bonne avanture en pareille occasion. Je me flatte que vous viendrez après dans le coin du monde où l'on vous aime, et où l'on vous estime tant. Vous y trouverez bien des changemens, mais les cœurs y seront à jamais les mêmes pour vous. Je suis ravie que vous ayez trouvé à Toulouse des personnes que vous ayent parlé de moi. Mr. l'abbé de Sade me doit de l'amitié, car c'est un des hommes du monde que j'aime le mieux. Je suis sûre que son esprit et son

ca.

caractere vous auront plu, à moins que quatre ou cinq ans de prétrailles ne l'ayent
terriblement gâté. Si vous venez ici, nous
vous jouerons aussi l'*Enfant prodigue*. Nous
avons un théâtre à présent. J'espere que
vous m'instruirez de vos marches. Mr. de
Froullay vous regrette sans-cesse, il vous
croyoit à Cirey par sa derniere lettre. Vous
trouverez à Paris une nouvelle Épître qui,
je crois, vous plaira encore plus que les
autres, c'est la quatrieme. Vous y trouverez aussi une nouvelle édition de la *Philosophie* dont un exemplaire galoppe à présent après vous ; mais vous n'y trouverez
point mr. de Maupertuis ; il est à st. Malo, et je me flatte qu'il sera bientôt ici.
Avez vous lu son livre ? il me paroît un
chef-d'oeuvre ; c'est un roman instructif.
Nous avons eu le votre très-tard, parceque Tiriot s'en étoit emparé. Il m'a fallu
l'attestation de mr. Froullay ; il ne vouloit
pas croire qu'il fut pour moi : nous l'avons
lu, et nous le relisons. Mr. de Voltaire
qui est dans son lit avec de la fievre, vous
dit les choses les plus tendres. Nous vous
demandons avec instance de vos nouvelles,

et

et nous vous attendons avec l'impatience des gens qui connoissent les charmes de votre société.

XIV.

A Cirey le 17. janvier 1739.

On a tant de droits à Cirey sur votre amitié, monsieur, que l'on y compte. Vous savez quel cas infini on y fait de votre esprit, et de vos talens. J'ai été très-fâchée pour vous que mr. de Castera ait si mal rendu quelques endroits de votre livre : mais puisque vous vouliez refondre sa traduction, il me semble que la solitude de Cirey auroit été très-propre pour un tel ouvrage ; et j'aurois infiniment desiré que vous fussiez venu rendre ici à vos dialogues ce beau coloris qu'ils ont perdu en passant par des mains étrangeres. Les fautes de détail qui peuvent se trouver dans la traduction de mr. de Castera ne sont

gueguères faites pour être relevées dans une lettre. Je desire que votre nouvelle traduction soit plus digne de l'original, et que sa fin me procure bientôt l'honneur de vous voir.

Mr. de Voltaire a eu tant d'occupations depuis deux mois pour la *Henriade*, dont on fait une nouvelle édition, et qu'il a beaucoup corrigée, et pour l'*Histoire de Louis* XIV., qui s'avance beaucoup, et pour beaucoup d'autres ouvrages; qu'il n'a pas pu se donner encore le plaisir de vous écrire. Sa santé est assez bonne depuis quelque tems; il vous prie de recevoir ici les assurances de son tendre attachement, en attendant qu'il vous en assure lui-même.

Je ne puis croire, ce que l'on nous a mandé cependant de bien des côtés, que vous étiez infiniment lié avec un ennemi (1) de mr. de Voltaire, que l'on soupçonne d'être l'auteur du dernier libelle diffamatoire qui vient de paroître; et que c'étoit même lui qui travailloit à votre traduction; mais je ne croirai jamais une telle

(1) L'ab. Des-fontaines.

telle calomnie, ni qu'il ait osé lire devant vous un tel amas d'injures, et d'absurdités contre un homme à qui vous avez donné des marques publiques de votre estime, et de qui vous en avez tant reçu; et je me flatte que cela ne mettra aucun nuage dans l'amitié qui est entre mr. de Voltaire et vous; vous êtes faits pour vous aimer tous deux, et je me flatte que Ciréy vous réunira encore. Je vous prie d'être persuadé, monsieur, du desir que j'en ai, et de tous les sentimens avec les quels je serai toute ma vie.

XV.

A Cirey ce 17. mars 1739.

Je suis bien fâchée, monsieur, que vous preniez un chemin si différent de Cirey, et que vous alliez voyager dans un pays si différent de l'Angleterre, où j'aimerois assurément mieux aller qu'en Flandre. Je vous félicite de ce beau voyage. Les Anglois me doivent quelque bienveillance par reconnoissance de l'estime infinie que j'ai pour eux, et de l'envie que j'ai de voir un pays, où tout le monde est philosophe. Mr. de Voltaire a écrit sur cela une lettre à mylord Hervey qu'il a fait passer par Tiriot, et dont il n'a point eu de réponse; et je vous serai bien obligée de demander à mylord Hervey pourquoi il traite Cirey aussi mal. Malgré la rancune que je pourrois avoir de ce procédé, je vous prierai de vouloir bien lui donner de ma part un exemplaire de mon mémoire *sur le feu,* que je compte envoyer chez-vous, si vous ne partez pas avant qu'il paroisse.

Je

Je crois qu'on vous a très mal conseillé de toutes façons, en vous faisant prendre l'abbé des Fontaines pour traducteur. Son mérite; s'il en a, n'est point du tout d' avoir un stile fait pour rendre les graces

mieux fait de venir faire vous même cette besogne à Cirey; mais je suis ravie que les liaisons avec un homme si méprisé, ne soyent point telles qu'on nous l'avoit mandé. On vous aime tant à Cirey, et l'on y a tant de droits sur votre amitié, qu'on n'a pas de peine à croire tout ce qui peut l'entretenir. Ainsi soyez persuadé, monsieur, qu'il n'y a aucun endroit de l'Europe où l'on ait plus d'estime pour vous qu'à Cirey, et où l'on desire plus votre amitié, et votre présence. C'est avec ces sentimens que je serai toute ma vie.

XVI.

A` Bruxelles ce 29. decembre 1759.

Bon jour et bon an tout simplement. Je croyois, monsieur, que vous m'aviez tout à fait oubliée, et mon amitié en etoit blessée, car il me semble qu'elle a droit de vous suivre du Pole brulant, jusqu'au Pole glacé. Je vois qu'il a fallu les bontés dont le prince royal de Prusse m'honore pour vous rappeler mon idée, et ce n'est pas une des moindres obligations que j'aye à cet aimable prince. Je n'ai pas douté qu'il ne fit sur votre esprit l'effet qu'il a droit de faire sur celui de tout être pensant. Il nous a mandé combien il avoit été afflligé de votre départ. Je vous avoue que, n'en déplaise à mr. son pere, je suis bien curieuse de voir un tel prince sur le Thrône, ce sera un beau phénomene. J'ai passé quatre mois à Paris, pendant que vous couriez les mers, et j'aurois bien voulu que quelque vague vous eut jetté dans ce

tems-là

tems-là sur nos côtes ; j'y ai acheté une
maison peinte par le Sueur et par le Brun ;
mais au lieu de la venir habiter, je plaide
ici vraisemblablement pour plusieurs années.
Je regrette Cirey presque autant que Paris.
J'ai beaucoup vû pendant mon séjour dans
cette grande ville mad. la duchesse d'Aiguillon qui est bien digne des hommages
que vous lui avez rendus, et qui me paroit vous regretter infiniment ; je l'ai re-
trouvée toute Anglaise ; elle entend à présent cette langue beaucoup mieux que moi,
et je crois presqu'aussi bien que vous.
Pour mylord Hervey j'en rabats bien de
tout ce que vous m'avez dit ; Il me semble que sa négligence à répondre gâte toutes ses bonnes qualités. Il n'a répondu ni
à une grande lettre que mr. de Voltaire
lui a écrite, il y a plus de deux ans, ni
à l'envoi de mon memoire ; ce qui n'est,
ni dans la politesse italienne, ni dans la
françoise ; mais vous, monsieur, vous ne
m'en parlez pas de ce memoire ; c'est
pourtant votre suffrage que j'ambitionne ;
peut-être ne l'avez vous point lu. Vous
savez combien je suis.

XVII.

A' Bruxelles ce 10. *mars* 1740.

Je retrouve , monsieur , votre ancienne amitié pour moi dans votre lettre , et assurément j'y suis infiniment sensible . Je crois en avoir l'obligation au prince Royal de Prusse qui m'a rappelée dans votre souvenir, et il ne pourra jamais me faire de faveur à la quelle je sois plus sensible . On dit qu'il est sur le point d'être Roy , et je vous avoue qu'independamment de toutes les raisons qui me le font desirer , je suis curieuse de voir ce phénoméne sur le Thrône. De l'espéce dont je suis, femme et françoise , je ne suis guéres faite pour voyager ; mais assurément ce seroit pour un tel voyage qu'il seroit permis de passer par dessus les regles ordinaires . Il y en a encore un que vous savez que je desire depuis longtems , mais qui s'eloigne tous les jours par les circonstances , c'est celui du Païs que vous habitez , et pour

D 4   le

le quel ma curiosité s'augmente, depuis
que vous lui avez donné la préférence sur
tous ceux qui voudroient vous posséder.
J'irai peut-être cet été à Dunkerque, et
de là avec des bonnes lunettes, je pourrai
le voir de loin, comme on conte que Moi-
se vit la terre promise; mais j'ai de bien
meilleures raisons pour le regretter.

Je voudrois pouvoir vous faire accroire
que Bruxelles est le lieu du monde le plus
digne de votre curiosité, ce pourroit être
du moins votre chemin pour aller en Hollande. Je n'y suis pas aussi bien logée
qu'à Cirey, mais je vous y recevrois avec
le même plaisir.

Je vous avoue que je suis ravie que mon
mémoire vous ait plû; vous m'encouragez
à lui donner des freres, mais non pas pour
l'académie, car je ne suis pas trop satis-
faite du jugement. Si vous avez lu les piè-
ces françoises qui ont été couronnées, j'espere que vous aurez trouvé que je n'ai pas
tort, et qu'il n'y a pas à cela une vanité
ridicule.

Je suis fâchée de voir dans votre lettre
à mr. de Voltaire que vous quittez la phi-
lo-

losophie pour l'histoire, j'espere que ce ne sera qu'une passade. Pour moi je suis à présent dans la métaphysique, et je partage mon tems entre Leibnitz, et mon procureur. Vous avez bien raison de dire que les choses après les-quelles on court ne valent pas souvent celles qu'on quitte; et si je n'avois pas d'enfans, je puis bien vous assurer que je n'aurois pas quitté les jolis pénates que vous connoissez. Je me dis souvent les vers, *de plaisirs en regrets*, *de remords en desirs* ec. mais on se doit à ses devoirs.

Consolez-moi souvent, monsieur, par vos lettres, parlez de moi à mylord Hervey, quand le parlement sera fini, et continuez moi votre amitié. Je suis.

XVIII.

A Bruxelles ce 1. *mars* 1741.

J'aurois bien quelques reproches à vous faire, monsieur, de me laisser apprendre par les nouvelles publiques les lieux que vous habitez. Vous devez être bien sûr que je m'intéresse trop à vous pour ne pas mériter que vous m'en instruisiez vous même. Vous me prodiguez vos rigueurs depuis que vous avez quitté l'Angleterre. J'ai cependant appris avec plaisir, et avec reconnoissance par mr. de Beauveau et par mr. de Voltaire que vous vous souveniez de moi quelquefois, mais il seroit plus agréable et plus sûr de l'apprendre par vous même.

Vous voila sur les confins de votre patrie, mais j'imagine que vous ne pénétrerez pas plus avant; et comme je ne sais ni combien vous resterez à Turin, ni quel lieu de l'Europe vous favoriserez ensuite de votre présence, je prens le parti d'envoyer cette lettre à mr. de Keïserling; ce se-

seroit le chemin des écoliers, si ce n'étoit le plus sûr.

Nous nous étions flattés pendant quelque tems de vous voir ici. S. M. avoit mandé à mr. de Voltaire que vous comptiez aller à Paris, et nous nous trouvions le plus joliment du monde sur votre chemin. J'espére que si cette bonne idée vous reprend, vous n'oublierez pas de passer par Bruxelles. Les *Institutions de Physique* voudroient bien vous rendre leurs hommages, mais elles ne savent où vous attraper. Il y en avoit un exemplaire pour vous à Paris chez mr. de Chambrier; quand nous apprîmes que vous deviez y faire un tour, je fis retirer l'exemplaire. Un de mes amis de l'academie des sciences comptoit vous le présenter lui même à Paris; mais je suis à présent toute déroutée. J'espere que vous voudrez bien me mander où vous voulez leur donner audience.

J'ai vû dans les gazettes que vous avez passé à Berne. Je ne doute pas qu'un nommé Koenig (1) qui y est, n'ait cherché à

vous

_____

(1) Matematico di gran merito, celebre per

la

vous faire sa cour, et peut-être à obtenir.
votre protection pour être de l'academie
de Berlin ; mais je compte trop sur votre
amitié pour vous laisser ignorer, que c'est
un homme qui ayant été à moi pendant
quelque tems), a eu avec moi des procédés
infames, et que j'ai les sujets les plus gra-
ves de me plaindre de lui. Mr. de Maupertuis le sait bien, il en a été témoin ;
j'espére que vous ne voudrez point accorder votre protection à un homme qui en
est indigne de toutes façons, et qui de
plus a manqué à tout ce qu'il me devoit.
Je crois avoir assez de droits à votre amitié pour espérer que vous ne rendrez pas
service à quelqu'un qui d'ailleurs vous est
inconnu; car s'il vous l'étoit, je ne crain-
drois pas que vous vous intéréssassiez pour
lui.

Monsieur de Voltaire vous fait ses complimens les plus tendres ; nous espérons
que

la contesa avuta con Maupertuis intorno al così detto *principio di menoma azione*, la cui
scoperta ei volle rivendicare a favor di Leibnizio.

que vous renouerez quelque jour ce commerce si agréable ; et nous sommes bien
sûrs que son interruption n'a point altéré
votre amitié. Pour nous soyez bien persuadé, monsieur, que quelque lieu que vous
habitiez, je serai toujours la personne du
monde qui m'intéresserai le plus véritablement à vous.

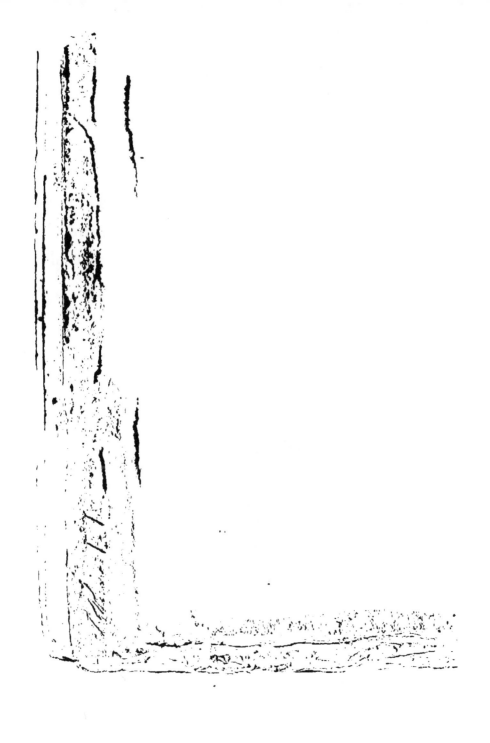

LETTERE

DEL SIGNOR

DI VOLTAIRE.

LETTERE

DEL SIGNOR

DI VOLTAIRE (1)

I.

Ciroy 2. febbrajo 1738.

FILOSOFO poeta e amante; ecco le vostre qualità, carissimo signor mio, e vi prego in grazia di avvalorare cotesti bei titoli con quello di amico: non posso godere di un altro che mi sia più caro. L'ammiranda
Emi-

(1) Nato a Parigi nel 1694, e mancato a' vivi nel 1778.

Des grands talens, et l'abus de ces talens porté aux derniers excès: des traits dignes d'admiration, une licence monstrueuse: des lumières capables d'honorer son Siecle, des travers qui en sont la honte: des sentimens qui ennoblissent l'humanité, des foiblesses

To: XVI.   E   *qui*

Emilia vi manda le due prime *epistole* nelle quali si tratta della felicità; ma vivere
con voi, non aver perduto le vostre conversazioni darebbe il colmo alla felicità di
cui godo. Oh quando leggerò dunque i dotti ed ameni *Dialoghi sopra la luce!* Qui

non

*qui la dégradent: tous les charmes de l'es-
prit, et toutes les petitesses des passions: l'
imagination la plus brillante, le langage le
plus cynique et le plus révoltant: de la philosophie, et de l'absurdité: la variété de l'
érudition, et les bévues de l'ignorance: une
poésie riche, et des plagiats manifestes: de
beaux ouvrages, et des productions odieu-
ses: de la hardiesse, et une basse adulation:
des leçons de vertu, et l'apologie du vice:
des anathèmes contre l'envie, et l'envie avec
tous ses accès; des protestations de zele pour
la vérité, et tous les artifices de la mauvaise foi: l'enthousiasme de la tolerance, et les
emportemens de la persécution: des hommages à la religion, et des blasphèmes: des
marques publiques de repentir, et une mort
scandaleuse; telles sont les étonnantes con-
trariétés. qui, dans un Siecle moins inconsé-
quent que le notre, décideront du rang que*

cet

non ho potuto ancora ottenere la licenza
di dare alle stampe li miei umilissimi *elementi* del gran Neuton , perchè a' tempi
nostri è un grand' errore un gran rimprovero d'esser neutoniano in Francia , come
d'esser eretico nella savia Italia . Ma che
im-

cet homme unique doit occuper dans l'ordre
des talens et dans celui de la Societé.

Ecco come maestrevolmente dipinge il carattere morale non meno che i pregj letterarj di
questo grand'uomo il celebre autore dei *tre*
secoli della letteratura francese. Noi non sapremmo che aggiungere ad un ritratto , per
nostro avviso , vero e somigliantissimo , e che
tale apparirà a chiunque si ponga a leggere
spassionatamente la immensa collezione delle
opere di Voltaire. L'amicizia di lui con Algarotti ebbe principio nel 1735 , allor quando il
nostro italiano ancor giovinetto , recatosi a Parigi e quindi nella celebre villa di Cirey , passovi colà molti mesi , nè mai sofferse dappoi alterazione alcuna per lo spazio di quasi trent'anni che questi visse , malgrado i legami fortissimi di Algarotti con Maupertuis , e le avventure notissime che trassero ad aperta nimicizia
fra loro codesti due illustri francesi.

E 2

importa? io vi leggerò, io vedrò quel bel giorno di cui ho fatto spuntar l'aurora, quando scriveva

Tandis qu'Algarotti sûr d'instruire et de plaire
Sur le Tibre étonné va porter la lumiére;
Que de nouvelles fleurs il orne ses attraits etc. (1)

Farewell: i can never forget (Adieu: je ne vous oublierai jamais).

(1) Nell'epistola in versi a mad. di Châtelet che va innanzi all'*Alzira*, pubblicata la prima volta nel 1736.

DI

A L G A R O T T I

II.

Niente poteva farmi più piacere della nobile piacevole e nuova commedia, del virtuoso e tenero epitalamio per le nozze di madama d'Argental, della graziosa vostra lettera, e della speranza che mi date di esser ben presto guidato alla felicità per un cammino sparso e seminato di fiori. Il desiderio che mostrate di vedere i miei dialoghi mi onora troppo, perchè io lo passi sotto silenzio. Se vi sarà qualche cosa di buono, e che meriti il bell'elogio, che voi ne avete fatto, io lo dovrò al mio soggiorno di Cirey, in cui io ho studiato voi, e l'ammiranda Emilia. Le bricciole e le miche, che io ho raccolto dalla vostra tavola mi avranno fatto fare un buon *ragout*. Mr. di Fimarcon ch'è ancora per sua disgrazia qui in Milano, e a cui la vostra

commedia è senza fine piaciuta, vi manda
mille saluti. Ella piacerebbe ancor più a
tutti gli altri che l'hanno letta, se questo
re della buona compagnia potesse farla gustare un poco più ad un paese dominato
da' frati e da' tedeschi. Cinquanta mille francesi non ve l'hanno potuta introdurre, e
se l'hanno riportata con loro di là dall'Al-
pe. Bisogna confessare per altro che abbiamo ancor noi qui una specie di ammiranda Emilia, la quale è però alla vostra nella proporzione che l'Italia è alla Francia.
Questa è la contessa Simonetta, la quale
vi ama con quello stesso trasporto, con cui
la Sultana amava Carlo XII, quel suo Lione. Ella mi fa ripetere ad ogni momento
i vostri versi, di cui ho fatto tesoro nella
mia memoria, ed io che voglio piacerle,
e piacere a me medesimo ne vado tutto
giorno reclutando. Ella mi ha fatto giura-
re di farle avere tutto ciò che io riceverò
da voi. Ella è amabile, vezzosa, ha tutta
l'ingenuità delle grazie, e merita qualche
quaderno da voi. Se una rana palustre,
può eccitare Apollo a cantare; io vi tra-
scrivo qui alcuni versi fatti sopra un sci-

miot-

miottino gentilissimo chiamato *muccaccio*, che l'è venuto ultimamente d'Africa, che ha tutti i vezzi del mondo e tutte le veneri della sua specie (1).

Dopo questa cattiva poesia io non allungherò maggiormente la mia più cattiva prosa; vi dirò solo che io desidero che voi sentiate quella felicità che spero di gustare leggendo i divini vostri versi. E certo che non ne potete mancare accanto all'ammiranda Emilia.

(1) Vedi il Sonetto riportato nel T. I. p. 172.

VOLTAIRE

III.

Cirey 12. *mai* 1738,

PERMETTEZ qu'un Émilien, qui est aussi un des plus tendres Algarottiens, mêle ici ses petits hommages aux marques de souvenir d'*Emilia Neutonia ;* vous la trouverez bien digne de votre livre . Vous avez beau supposer une marquise italienne, croyez-moi la française vous entendra encore mieux peut-être , que le cartesien à qui vous dédiez Newton . J'ai une bonne tracasserie avec lui , pour avoir commencé mon petit *essai* du cathechisme neutonien par ces mots ,

ce n'est point ici une marquise, ni une philosophie imaginaire.

je ne lui en voulois pas ; car assurément
je

je ne sais point attaquer ce que vous en-
censez. Je me suis justifié en disant publi-
quement que ce commencement n'est qu'
une allusion aux conversations que nous
eûmes a Cirey, quand j'eus l'honneur d'
entendre vos charmans *dialogues*. Je vous
prens donc pour mon bouclier, et je me
mets derriere vous. *Protege me, vale et
veni.*

★○★○★○★○★○★○★○★○★○★○★○★

D I

A L G A R O T T I

I V.

De Londres ce 1. avril 1739.

ME voila à Londres après avoir été bien
près du Pôle, et après avoir passé un été
en grelottant, si je n'ai pas porté en grelottant le compas et la lyre. En revenant
j'ai été dans le troisieme ciel; j'ai vû, *oh*

me beato! ce prince adorable, disciple de
Trajan, rival de Marc-Aurele. J'ai bien
parlé de vous, et j'en ai bien entendu
parler. Je vous assure, monsieur, que cette musique là m'a été pour le moins autant agréable, que celle que ce prince com-
pose et joue lui-même. Mon dieu! quel
prince est-ce-là? on dit que mr. de l'Ho-
pital demandoit si mr. Newton mangeoit
bûvoit et dormoit comme nous. Je deman-
derois bien, si la pâte dont ce prince est
composé, est la même que celle des autres princes; en tout cas, il y a là dedans
une âme bien superieure. Je ne saurois
vous dire la quantité de plaisirs que j'ai
eus. C'est bien là qu'ils entrent de tous
côtés par la fenêtre. Enfin pour me faire
partir avec la bonne bouche, il a daigné
me charger d'une commission pour l'impression de l'*Henriade* que je dois faire
ici. Je crois que vous pouvez juger, monsieur, que c'est la premiere chose que j'ai
faite à Londres. Comme je ne doute pas
que je ne doive les bontés dont le prince
m'a comblé à l'amitié dont vous m'honorez, permettez-moi que je vous en remercie.

cie. Je lui bâtirai un temple, et votre sta-
tüe sera à côtè de la sienne. A' propos
mandez-moi, monsieur, si vous étes content de votre portrait gravé en pierre que
j'ai vû commencé dans les mains de Ba-
nier ; mais surtout aimez-moi, et soyez persuadé que personne au monde ne vous honore et ne vous admire plus que moi.

P. S. Mr. Hervey est à Bath. J'y irai
bientôt faire un tour. Vous n'y serez certainement oublié. Votre histoire paroitra-t-
elle bientôt? *Volterius Galla primus in hi-
storia.*

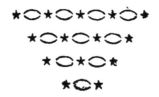

DEL MEDESIMO

V.

A' Berlin ce 1. ottobre 1740.

Si vales, bene est, ego quidem valeo. Le
roi n'a pas voulu, ou n'a pas eu le tems
de lire la lettre que vous m'avez fait l'honneur de m'écrire il s'est contenté que je
lui en fisse un extrait, et j'ai bien senti
combien les extraits étoient difficiles à faire. Il m'a répondu que vous lui aviez deja
écrit deux lettres sur le même sujet. Il
a eu hier un accés de fievre, mais plus
foible que les autres. J'espére qu'elle est
à sa fin, et que dorénavant il ne frissone-
ra plus de perdre un tems qu'il destine
au bonheur du monde. Ne seroit-ce pas
être bien hardi que d'ajouter encore quelque chose à ma lettre? Aussi, monsieur,
je finis en vous assûrant que personne au
monde n'aime, et n'estime et n'honore
d'avan-

d'avantage l'esprit de notre siécle, le Virgile et le Lucrece français. Aimez-moi, et
recommandez-moi à l'aimable monade d'
Émilie.

✦◦✦◦✦◦✦◦✦◦✦◦✦◦✦◦✦◦✦◦✦◦✦

D I

VOLTAIRE

VI.

Parigi 27. giugno 1745.

O l'esercito del duca di Lobkowitz, ò
l'ammiraglio Martin, hanno intercettato le
lettere, che ho avuto l'onore di scrivere
a voi: Vi ho scritto due volte, e vi ha
inviato un esemplare del Poema, che ho
composto sopra la vittoria di Fontenoy. Ho
indirizzato il piego, come l'avevate pre-
scritto. Potreste dubitare, ch'io indugiassi
a ringraziarvi del sommo onore che m'avevate fatto? me ne ricorderò sempre; e qual

bar-

barbaro potrebbe mai dimenticarsi di tanti
vezzi, e del vostro bell'ingegno? Avete gua-
dagnato più d'un cuore in Francia, tra gli
Alemanni, e sotto il Polo. Oh quanto fate bene addesso di passare i vostri bei giorni a Venezia, quando tutta l'Europa è paz-
za da catena, e che la guerra fa un campo d'orrore di tanti reami. Il vostro re di
Prussia, che non è più il vostro, ha battuto atrocemente i vostri Sassoni; il nostro
re ha rintuzzato l'intrepido furore degl'Inglesi, e mentre che la tromba assorda tutte le orecchie,

- - - - - - - *Tu Titire lentus in umbra*
Formosam resonare doces Amarillida lacus.

Aspetto colla più viva impazienza la vita
di Giulio Cesare, la quale ho sentito che
avevate scritta: Il soggetto è più grande,
e più *interessante* che quello della vita di
Cicerone, che ha pigliato Middleton. Vi
prego di dirmi quando la vostra bell'opera
uscirà in pubblico.

Emilia è sempre internata nei profondi,
e sacri orrori di Newton; io sono costret-
to di fare corone di fiori pel mio re, e

di

di fare il bello colle Muse. Mi parlate della sanità del gran conte di Sassonia? i suoi allori sono stati il più salutare rimedio, che potesse sanarlo; va meglio dopo che ha battuto i nostri amici gl'Inglesi; la vittoria l'ha rinvigorito.

Maupertuis cangia di patria, si fa prussiano, ed abbandona affatto Parigi per Berlino. Il re di Prussia gli dà dodeci mila franchi ogni anno; accetta egli quel che io ho rifiutato, i miei amici sono nel mio cuore innanzi a tutti i monarchi, e governatori del mondo.

Addio, caro Conte, vi rassegno intanto l'immutabilità della mia divozione nel baciarvi riverentemente le mani.

D I

ALGAROTTI

VII.

Venezia 21. agosto 1746.

At neque me tantum venientis sibilus austri
Nec percussa juvant fluctu tam littora . . .

quanto la dolcissima lettera vostra de' 27. giugno, la quale se non è stata intercetta o
dagli ussari austriaci o dalle inglesi frega-
te, è stata ritenuta in qualche posta; dacchè non la ho ricevuta che quattro giorni
sono. Due settimane prima io aveva ricevuto due esemplari del bellissimo vostro
poema fatto in occasione così bella e così
gloriosa a tutta la nazione; del che vi rendo, o *divine poeta*, quelle grazie che so
e posso maggiori. Ma quali grazie non dovrò io rendervi a nome d'Italia tutta, la
cui lingua con tanto onor nostro voi avete

preso

preso a coltivare? Starà a voi di essere un altro Regnier e un altro Menagio nella lingua nostra, e quando vorrete sarete arciconsolo della Crusca.

La *vita di Giulio Cesare*, di cui mi fate l'onor di parlarmi, la vo ora ripulendo, e subito che sarà stampata, il che spero che sarà quanto prima, ve la trasmetterò. Ho bene in questo mio ozio allestito una novella edizione del mio *neutonianismo*. Vorrei che questa mia luce fusse fosforo riforbito dalle acque del mare. Ma posso ben dire dello stato presente di quest'opera rispetto all'antico; *multo tamen hæc splendidiora, meliora, breviora.*

La duchessa d'Holstein, che sen viene ben presto a voi per condurre il figlio suo al gran maresciallo suo fratello; e che io accompagno co' voti, mi ha promesso d'incaricarsi di portarvi questa edizione, se sarà uscita al tempo della sua partenza: ben vi recherà ella alcun'altra cosetta di mio, ch'è uscita in luce durante questo mio veneto ozio. Ma voi quando darete fuori il vostro Luigi XIV. in compagnia di cui non meno che di Federico ho viaggiato per l'ul-

timo

tino settentrione? Or quando potrà egli bearmi nel mezzodì com'e ha fatto nel nord? E la *Pulcella*? verranno mai tempi tanto felici ch'ella possa in pubblico uscire?

A Emilia vi prego porgere i miei più sinceri voti di riverenza: e se Maupertuis è tuttavia a Parigi abbracciatelo mille volte a nome mio. Addio, amico e padrone mio gentilissimo; amatemi e credetemi pieno di amicizia e della più alta stima.

D I

V O L T A I R E

VIII.

Parigi 4. *maggio* 1746.

Scrivete d'amore, mio caro ed illustre
amico; questo si conviene alla vostra vezzosa gioventù, al vostro amabile e pieghevole
ingegno; io, che comincio ad avere ca-
pelli bianchi, scrivo di filosofia. Sottopon-
go al vostro acuto giudizio questo piccolo
saggio, che ho l'onore di presentàrvi, come l'offerisco all'accademia di Bologna,
tenendo in sommo pregio d'essere nomato
tra i suoi aggregati, e tra i vostri amici:
ma questo ultimo titolo mi sarà sempre il
più caro.

D I

ALGAROTTI

XI.

Dresda 3. *settembre* 1746.

Con l'occasione della partenza di qua del
sig. d'Aubigny io vi trasmetto alcune mie
coserelle, che ben vorrei fosser degne di
venire a voi. Ad ogni caso le vorrete ricevere come un testimonio della mia amicizia, ed un tributo dovuto ad uno de'nostri accademici della Crusca, e al più bello ingegno di Europa. Io spero che voi sarete del mio avviso e di quello del gran
Neutono in quanto alla cronologia de' re
di Roma. Quanto a'versi che riceverete, il
sig. Villiers ministro d'Inghilterra a Berlino al quale gli ho mandati mi scrisse non
ha molto; *it seems they would be equally
liked by Voltaire and by s.ᵉ Bernard.* Che
dite voi, amatissimo signor mio, di così
                                    fatto

fatto augurio? Io ben sarei contento che se ne verificasse la prima metà. Il mio *Neutonianismo* poi è molto più limato e gastigato ch'egli non era, e vorrei poter dire ch'egli è *simplex munditiis*. Voi il vedrete. Vedrete almeno che io non ho abbandonato le muse. Ma che dich'io le muse? Io pur vo seguitando Apollo. Io sto lavorando certi versi indirizzati a voi, i quali spero potervi mandare da qui a non molto. Ma io gli vorrei non del tutto indegni *eruditis tuis auribus*. Voi gradirete la volontà se non il canto. Che fa l'illustre Emilia? mille e mille rispetti vi prego in mio nome. Voi amatemi, mandatemi alcun frutto di quel vostro fervido e divino ingegno, e crediatemi quanto ammiratore delle cose vostre, altrettanto vostro vero amico.

DEL MEDESIMO

X.

Dresda 19. *settembre* 1746.

Non so per quale accidente la vostra lettera mi sia giunta alcuni giorni più tardi che non avria dovuto. Ciò ha fatto che io non ho potuto parlare del noto affare al padre Guarini prima della sua partenza per Varsavia, dove è la corte al presente, come ben voi sapete. Ben gli ho scritto questi passati giorni, e l'ho fatto con quella efficacia che potete ben credere. Quale attenzione neu meritano da ognuno e singolarmente da me le vostre premure; e quanto non debbo io tenermi onorato che voi crediate poter me alcuna cosa in servigio vostro! La divina marchesa certificherete dei sentimenti dell'animo mio, giacchè le sole vostre parole possono bastare ad esprimergli, dove le mie sono di gran lunga in-

insufficienti. Tosto che avrò risposta da
Varsavia non mancherò di comunicarvela.
La mia raccomandazione è ben debole, ma
chi non ardiria raccomandar checchessia fa-
cendolo a nome di una Châtelet e di un
Voltaire? Voi dovreste a quest'ora aver ricevuto un'esemplare del mio *neutonianis-*
mo e alcuni versi che vi mandai già per
mezzo del sig. d'Aubigny, e riceverete in
breve dalla signora duchessa di Holstein un
Congresso di Citera molto più limato in questa novella edizione ch'egli non era nella
prima. Il giudizio vostro sarà norma del
mio. Se io piaccio a voi, avrò certamente a ragione di che piacere a me medesimo. *Hoc opus, hic labor,* che Apollo ti
voglia dare un luogo in Parnaso. Dateme-
ne uno almeno nella vostra memoria, che
io il merito certo per la riverenza in che
io tengo il principe de'poeti, e il facitor
sovrano di cose belle. **Amatemi** e credetemi per sempre.

D I

V O L T A I R E

X I.

Parigi 13. *novembre* 1746.

Non ho voluto ringraziarvi di tutti li vostri favori prima d'averli intieramente goduti; me ne sono veramente inebriato. Ho letto e riletto il *neutonianismo*, e sempre con un nuovo piacere. Sapéte bene non esservi chi abbia maggior interesse di me nella vostra gloria. Degnatevi di ricordarvi, che la mia voce fu la prima tromba che fece rimbombare tra le nostre sampogne francesi il merito del vostro libro, prima che fosse uscito in pubblico (1). La vostra luce settemplice abbarbagliò per un tempo gli occhi de'nostri cartesiani, e l'ac-

ca-

(1) Nella pistola in versi a mad. di Châtelet premessa all'*Alzira*.

cademia delle scienze ne' suoi vortici ancora involta parve un poco ritrosetta nel dare al vostro bello, e mal tradotto libro i
dovuti applausi. Ma vi sono delle cose al
mondo, che sottomettono sempre i ribelli,
la verità e la beltà; avete vinto con queste armi: ma mi lagnerò sempre che abbiate dedicato il *neutonianismo* ad un vec-
chio cartesiano, che non intendeva punto
le leggi della gravitazione. Ho letto col medesimo piacere la vostra dissertazione sopra
i sette piccoli e mal conosciuti re romani.
L'avete scritta nella vostra gioventù, ma
eravate già molto maturo d'ingegno e di
dottrina. Avete per avventura conoscenza
d'un volume scritto in Germania, venti
anni fa, da un francese sopra l'istessa materia? Vi sono acute investigazioni, ma non
mi ricordo dell'autore.

Ho letto sei volte la vostra epistola al
sig. Zeno; oh! quanto s'innalza un tal nobile, ed egregio yolo sopra tutti li sonettis-
ti dell'infingarda Italia! Ecco dunque tre
opere tutte differenti di materia e di stile; *tria regna tenens*. Non v'è al mondo
un ingegno così versatile, e così universa-
le.

le. Pare a chi vi legge, che siate nato so·
lamente per la cosa che trattate. Mi rin-
cresce molto di non accompagnare il duca
di Richelieu. Mi lusingava di vedere in
Dresda la nostra Delfina, la magnifica corte d'un re amato dai suoi sudditi, un gran
ministro, ed il mio caro Algarotti; ma la
mia languida sanità distrugge tutte queste
speranze incantatrici. Non vi scordate però
dell'affare (1) che vi ho raccomandato: La
protezione d'una madre è la più efficace
presso d'una figlia, e ne spero un felice
esito col vostro patrocinio. Vi bacio di tutto cuore la mano, che ha scritto tante belle cose.

Adieu, le plus aimable de tous les hom·
mes; madame du Châtelet vous fait les plus
sinceres complimens.

(1) Algarotti era stato incaricato di maneg-
giarsi alla corte di Dresda, onde la figlia di
mad. di Châtelet fusse ricevuta tra le dame del
seguito della Delfina di Francia.

DI

ALGAROTTI

XII.

Dresda 11. decembre 1746.

SE cosa alcuna al mondo dee farmi leva-
re in superbia, ella è la vostra lode, e se
vi è un caso da dover facilmente ottenere
l'assoluzione di tal peccato, egli è senza
dubbio questo. Di quai dolci tentazioni non
è mai piena la vostra lettera de' 13. del mese passato? Il mio *neutonianismo*, del quale voi degnaste parlare con tanto elogio prima ancora ch'e' fusse pubblico, ha dunque
trovato anche novellamente grazia innanzi
a voi? *Sublimi ferio sidera vertice*. Ma ben
spero ch'egli sarà meno indegno di tanto,
quando io avrò finito di limarlo e di ar-
ricchirlo, come vo ora facendo. Voi, carissimo sig. mio, ne date l'esempio, insieme
con Virgilio e con Orazio confratelli vostri,

stri, che le produzioni d'ingegno vogliono
da noi correzione infinita, se vogliamo che
le rimangano alla posterità. Io non ardisco
per niun conto nè debbo pormi nel bel
drappello. *Longe sequor et vestigia semper
adoro*. Ma pur mi giova andar dietro a
quelle tracce, e seguire i sentieri segnati
da voi, che questa certamente è la via bre-
vissima per la immortalità; e il seguire ed
imitar voi in quanto un può è poetare
more geometrico. Mi piace senza fine che
voi abbiate giudicato quella mia disserta-
zioncella su' re di Roma non indegna d'esservi stata trasmessa. Io non ho mai veduto il libro che mi accennate così in con-
fuso, nè per quanto ne abbia domandato
qui, niuno ha saputo darmene conto. Ma
che debbo io dire. che il Virgilio il Catul-
lo e il Sofocle del secolo, che Voltaire in
somma (non considerandolo se non poeti-
camente) abbia letto sei volte la mia pistola sul commercio! Io l'ho riletta (vel
confesso) con qualche compiacenza dacchè
la è tanto piaciuta a voi. Io vorrei pur
guarire l'Italia da quella febbre lenta di so-
netti che se l'è cacciata addosso da un

tempo in qua. E questo si vuol fare non
con argomenti e con trattati di poetica,
ma col mostrarle cosa migliore di quelle
continue rifritture ch'ella fa ora del Petrarca. Gli esempj hanno sempre giovato
agli uomini infinitamente più che i precet-
ti. Quattro bei versi della *Eneide* o dell'
Enriade ammaestrano assai più che tanti
commenti di Dacier o di Castelvetro. Nè
già credo che il mondo si saria mai smor-
bato abbastanza della fisica antica, per quanto evidenti sieno le ragioni che ne mostra-
no la vanità, se un Galileo e un Neutono
non le ne avessero sostituito un'altra che
chiama a se ed alletta lo studio dei filosofi. Ora io crederò di poter giovare tanto
o quanto con l'esempio a'nostri poeti, se
voi, maestro sovrano dell'arte, approvate
quel mio saggio di una poesia utile e novella. Ma potrò io sperare che voi appro-
viate similmente i versi che troverete qui
inchiusi, e che sono intitolati a voi? Questa pistola fu abbozzata fin dal mese di lu-
glio passato. E già più volte *Cynthius au-
rem vellit et admonuit*, che io non dovessi
essere ardito di tanto di mandare un po
di

di majolica all'artefice della più fina e ni-
tida porcellana. E forse che questo consiglio era il migliore. Ma che? Una indisposizione che ho avuto questi passati dì,
e che mi ha impedito di andare a Berlino
(secondo che vi scrissi ultimamente che io
doveva fare) questa indisposizione, dico,
mi ha fatto scordare dei migliori avvisi.
Io ho terminato la pistola, e la vi mando
ora non *sanus adhuc* per avventura. E ben
temo non questi versi sieno *velut ægri som-*
nia massime in rispetto alla divina vostra
poesia. Ma e'vi diranno almeno quanto io
vi stimi ed onori, il che io in certa ma-
niera non aveva detto ancora in versi. Io
l'ho ben detto anche ultimamente in prosa
nel *congresso di Citera*, di cui dovreste aver
ricevuto l'ultima edizione per via della signora duchessa di Holstein, a cui ne mandai uno esemplare per voi. Questa edizione è molto più limata della prima, e per
conseguenza più rispondente al gentile argomento e meno indegna del nobilissimo
giudizio da voi già fatto di questo mio li-
bricciuolo. Ma parliamo oramai di libri, la
cui bellezza e autorità è confermata dal giu-
                                        dizio

dizio di tutte le nazioni, di libri degni del
cedro. Voi ben vedete senza ch'io 'l dica,
che questi libri sono i vostri. Il sig. Walther librajo della corte qui in Dresda, che
è un onestissimo uomo, amator delle arti,
e che nella sua professione va dietro all'onore, quanto ei cerca un onesto profitto, vor-
ria stampare le vostre opere, e mi ha pre-
gato di farvi sapere questo suo desiderio.
Della correzione e della eleganza delle sue
stampe voi potrete giudicare dalla ultima
edizione del *congresso di Citera* fatta nella
sua stamperia, e ne giudichereste molto
meglio ancora da un' edizione di Boileau
ch'egli ha fatto da ultimo, la quale ha su-
perato per ogni rispetto la espettazione anche de' più ritrosi in materia di stampe.
Ora se voi acconsentite, siccome spero,
ch'egli ristampi le cose vostre; sarà biso-
gno che gl'indichiate quanto siete per desiderare per correzioni da farsi, se voi ne -
stimaste alcuna necessaria, per aggiunte di
cose novelle, nel che vorrei gli fuste libe-
ralissimo, e in somma per la forma tutta
dell'edizione. Egli mi ha detto, che voi
potrete imporgli in ogni cosa quelle condi-

zioni

zioni che vorrete. Onde scrivetegli sopra tutto ciò, e farete a me cosa gratissima; il quale vorrei pur vedere nobilitate le sue stampe e accresciuto il suo peculio coll'edizione delle vostre opere.

Il nostro Maupertuis; di cui lo stesso librajo ha stampato la state passata *la Venere fisica*, sputa sangue a Berlino. Non vi so dire quanto mi dolga che quel sublime ingegno nato ad illuminar la terra debba giacere infermo, mentre sono pure così valenti della persona tanti cotali che pesano inutilmente sulla terra. E perchè non avete voi ancora un corpo più sano, e più degno di albergare quella bella e vivida anima vostra? che io vi vedrei pur qui fra poco col duca vostro. Addio, uomo divino, amatemi lontano se non posso abbracciarvi presente, e credetemi in qualunque region della terra vostro; etc.

P. S. Alla bella Emilia mille e mille rispetti.

D I

VOLTAIRE

XIII.

A' Paris 21. fevrier 1747.

Enfant du' Pinde et de Cithére,
  Brillant et sage Algarotti
  A' qui le Ciel a départi,
  L'art d'aimer, d'écrire, et de plaire
  Et dont le charmant caractére
  A' tous les gouts est assorti,
  Dans vos palais de porcelaine
  Recevez ces frivoles sons
  Enfilés sans art et sans peine
  Au charmant pays des pompons.
O Saxe, que nous vous aimons!
  O Saxe, que nous vous devons
  D'amour et de reconnaissance!
  C'est de vôtre sein que sortit
  Le Héros qui venge la France
  Et la Nymphe qui l'embellit.
  Apprenez que cette Dauphine

To: XVI.   G   Par

Par ses graces, par son esprit
Ici chaque jour accomplit
Ce que vôtre Muse divine
Dans ses lettres m'avait prédit.
Vous penserez que je l'ai vue
Quand je vous en dis tant de bien,
Et que je l'ai même entendue;
Je vous jure qu'il n'en est rien,
Et que ma Muse peu connue
En vous repétant dans ces vers
Cette vérité toute nue
N'est que l'écho de l'univers.
Une Dauphine est entourée,
Et l'etiquette est son tourment,
J'ai laissé passer prudemment
Des paniers la foule titrée
Qui remplit tout l'appartement
De sa bigarrure dorée.
Virgile était-il le prémier
A' la toilette de Livie?
Il laissoit passer Cornelie,
Les ducs et pairs, le chancelier,
Et les cordons-bleus d'Italie,
Et s'amusoit sur l'escalier
Avec Tibulle et Polimnie.
Mais à la fin j'aurai mon tour,
Les Dieux ne me refusent guére:
Je fais aux Graces chaque jour

Une

Une trés dévote prière ;
Je leur dis, filles de l'amour,
Daignez à ma Muse discrete,
Accordant un peu de faveur,
Me présenter à votre soeur,
Quand vous irez à sa toilette.
Que vous dirai-je maintenant
Du Dauphin, et de cette affaire
De l'amour et du sacrement ?
Les dames d'honneur de Cithére
En pourroient parler dignement,
Mais un prophane doit se taire ;
La cour dit qu'il s'occupe à faire
Une famille de Héros,
Ainsi qu'ont fait très à propos
Son Ayeul et son digne Pere.
Daignez pour moi remercier
Votre ministre magnifique ;
D'un fade eloge poëtique
Je pourrais fort bien l'ennuyer ;
Mais je n'aime point à louer :
Et ces offrandes si chéries
Des belles, et des Potentats,
Gens tout nourris de flatteries,
Sont un bijou qui n'entre pas
Dans son baguier de pierreries.
Adieu, faites bien au Saxon
Goûter les vers de l'Italie

Et

Et les vérités de Neuton;
Et que votre Muse polie '
Parle encore sur un nouveau ton
De nôtre immortelle Émilie.

Caro ed illustre amico vi manderò quanto prima le rozze pietre colle quali il Walther intende d'edificare una casa, che sarà eterna sotto il vostro patrocinio; ma voglio che l'ornamento di questa edizione sia una pistola dedicata al celeberrimo Algarotti, la quale ho già cominciata. Intanto ecco due opere, l'una è stata rappresentata alla corte, l'altra aspetta il vostro giudizio. Tocca a voi, esperto giudice in ogni lingua, ed in ogni arte di dare la sentenza. Addio, o *dulce decus meum*. *Plura alias.*

DEL MEDESIMO

XIV.

A Paris 2. avril 1747.

Enfant du Pinde et de Cithére,
    Brillant et sage Algarotti,
    A qui le ciel a départi
    L'art d'aimer d'écrire, et de plaîre;
    Vous que le ciel en sa bonté
    Dans un pays libre a fait naître,
    Vous qui dans la Saxe arrêté
    Par plus d'un doux lien peut-être;
    Avez sû vous choisir un maître
    Préférable à la liberté:

Così scrivo al mio Pollione veneto, al mio caro, ed illustre amico, e così saranno stampate queste bagattelluccie, se lor fate mai l'onore di mandarle alla stamperia del Walther,

Si aliquid putas nostras nugas esse.

Veramente nè queste ciancie, nè *Pan-*

dora, nè il volume a voi indirizzati non vagliono otto scudi. Ma, caro signore, un così esorbitante prezzo è una violazione manifesta *juris gentium*.

Il nostro intendente delle lettere, e dei postiglioni, il sig. della Reiniere Fermier général des Postes de France; par le moyen du quel *one wafts a sigh from a pole to an-other*, avea per certo munito di suo sigillo, ed onorato della bella parola, *Franco*, il tedioso, e grave piego. E chi non sa quanto rispetto si debba portare al nome di la Reiniere, ad un uomo, che è il più ricco e il più cortese de tous les Fermiers généraux. Ma giacchè al dispetto della sua cortesia, e della stretta amicizia, che corre fra le due corti, li signori della posta di Dresda ci hanno trattato come nemici; tocca al librajo Walther di pagare gli otto scudi, e gliene terrò conto. Per tutti i santi, non burlate, quando mi dite, che le cose mie vi giungono molto care. Manderò quanto prima il tomo della *Henriade* pel primo corriere. Farewell great and amiable man. They say you go to Padua: you should take your way through

Fran-

France. Emily should be very glad to see you, and i should be in extasy.

★○★○★○★○★○★○★○★○★○★○★○★○★

DEL MEDESIMO

XV.

A` Potzdam 19. *janvier* 1748.

*D*ucite ab urbe domum mea carmina ducite Daphnim`.

Se siete ammalato, vi compiango; se state bene, me ne rallegro; se vi trastullate, lodo; se vi fermate in Berlino, fate bene; se ritornate al nostro monastero, farete gran piacere ai frati, e mi porgerete una gran consolazione. Ma comunque si sia del come e del perchè, vi prego a rimandarmi le bagatelle istoriche, le quali avete portate con voi a Berlino. Intanto bacio le mani, che scrivono, e che palpano le più dilicate cose.

G 4   Adieu,

Adieu, belle fleur d'Italie,
Transplantée aux climats des géans grenadiers,
Revenez, mêlez-vous aux forêts de lauriers
Que fait croître en ce lieu l'Apollon des guerriers.
Quelle terre par vous ne serait embellie?

Voulez-vous bien avoir la bonté de faire
souvenir de moi l'estomac de milord e
miledy Triconel, la poitrine de mons. le
maréchal de Keith, les uretères de mr. le
comte de Rothembourg. Je me flatte que
par un si beau tems il n'y aura plus de
malade que moi.

DEL MEDESIMO

XVI.

Io sono un poco casalingo e pigro, mio
caro Conte. Voi sapete qual sia il cattivo
stato della mia sanità. Non ho gran cura
di fare otto miglia per ritornare alla mia
cella. Aspetterò dunque il mio gentil frate
nel nostro monastero; e quando egli avrà
disposto del pomo in favor della polputa
Venere Astrua, e quando avrà goduto abbastanza i favori della sua Elena; quando
avrà veduto tutte le regine, tutti li prin-
cipi, e tutti quanti, ritornerà piacevolmen-
te a noi poveri romiti, ritornerà ai suoi
dotti e leggiadri lavori, a quelle ingegno-
se ed istruttive lettere, che faranno l'onor
della bella Italia, e le delizie di tutte le
nazioni. Vi bacio di cuore le mani.

DEL MEDESIMO

XVII.

Ecco il vostro *Du Bos*. Quando potrò io dire in Potzdam, ecco il mio caro Conte, ecco la consolazione della mia monastica vita? Vi ringrazio pel vostro libro, per tutti li favori vostri, e specialmente per la vostra lettera *sopra il Cartesio*. Le gros abbé Du Bos è un buon autore, e degno d'esser letto attentamente. Non dirò di lui;

Molto egli oprò col senno, e collo stile:

Il senno è grande, lo stile cattivo; bisogna leggerlo; ma rileggerlo sarebbe tedioso. Questa bella prerogativa d'esser spesso riletto, è il privilegio dell'ingegno, è quello dell'Ariosto. Io lo rileggo ogni giorno, mercè alle vostre grazie. Addio, mio Cigno del Canal grande, vi amerò sempre.

DEL MEDESIMO

XVIII.

A' Potzdam 24. septembre.

Non posso immaginare, caro mio Conte,
quali siano i commenti fatti in Roma intorno alla dannazione del nostro re piuc-
chè eretico. Se io l'avessi posto in purga-
torio, ben converrebbe alla corte romana
di concederli alcune indulgenze; ma giacchè l'ho dannato affatto senza misericordia,
non veggo ciò che i moderni romani abbiano a fare coll'emulatore degli antichi.
Vi ringrazio della vostra savia, e leggiadra
risposta a codesto indefesso scrittore, a codesto valente cardinal Querini. Egli mi ha
favorito d'una lettera, e d'alcune nuove
stampe dove la sua modestia è vigorosamen-
te combattuta; non gli ho ancora risposto,
ma lo farò coll'ajuto di Dio.

Voi,

Voi, mio Cigno di Padova, e di Berlino,

Si Mimnermus uti censet, sine amore jocisque
Non est vivendum, vivas in amore jocisque:

Ma non vi scordate del vostro ammiratore, ed amico.

★○★○★○★○★○★○★○★○★○★○★○★

DEL MEDESIMO

XIX.

Parigi 4. giugno 1748.

M<small>I</small> lusingava, caro mio ed illustrissimo amico, d'aver ricoverata la mia sanità, e già era tutto apparecchiato a seguire il mio re in Fiandra: forse avrei avuto, o almen creduto d'aver la forza di fare un più gran viaggio, e di vedervi ancora una volta nella corte dell'Augusto moderno, ed avrei detto:

Quivi

Quivi il famoso Egon di lauro adorno
Vidi, poi d'ostro, e di virtù pur sempre,
Sicchè Febo sembrava, ond' io divoto
Al suo nome sacrai la cetra e 'l core.

Ma sono ricaduto; e così trapasso la mia misera vita tra alcuni raggi di sanità, ed una cupa notte di dolori, e di svogliatezza. Vivete pur felice, voi, a cui la natura diede ciò che aveva concesso a Tibullo.

Gratia, fama, valetudo contingit abunde.

Vivete tra il gran Federigo, ed il filosofo Maupertuis; non sarete mai per dire come Carino,

Tutto fei, nulla fui; per cangiar loco,
Stato, vita, pensier, costumi, e lingua
Mai non cangiò fortuna.

La vostra fortuna è degna di voi, e la mia sarebbe molto innalzata sopra il mio merito, e mi farebbe troppo felice, se questa madrigna di natura non avesse mescolato il suo veleno con tante dolcezze. Farewell good sir, la marchesa Neuton vous fait les plus sinceres complimens. Permettez-moi

tez moi de vous supplier de faire les miens
à ceux qui daignent se souvenir un peu de
moi à Berlin.

* ○ * ○ * ○ * ○ * ○ * ○ * ○ * ○ * ○ * ○ * ○ *

DI

ALGAROTTI

XX.

Venezia 6. giugno 1756.

Mɪ prevalgo dell'occasione del sig. pre-
sidente di Cotte che se ne viene a Ginè-
vra per spedirle un mio *saggio sopra la pit-*
tura, alcuni versi stampati, e quella epistola che io le scrissi già di Dresda più corretta e più breve che non era, e che si
stamperà tra poco con alcune altre mie coserelle. Spero ch'ella avrà ricevuto tempo
fa un altro mio *saggio sopra l'opera in mu-*
sica, e ben vorrei che un sovrano giudice
ed artefice di ogni genere di cose belle
qual

qual ella è, pensasse *meas esse aliquid nugas*. Certamente che a niuno vorrei più
piacere che a colui, che piace a tutto il
mondo. Ella mi conservi l'amicizia sua e
mi creda qual sono e sarò sempre pieno
della più alta stima ed ammirazione.

VOLTAIRE

XXI.

Aux Delices près de Geneve 7. juillet.

Ho ricevuto colla più viva gratitudine, caro sig. mio, ciò che ho letto col più gran piacere: siete giudice di ogni arte e maestro di ogni stile, *et doctus sermones cujuscumque linguæ.* On m'assure que vous êtes parti de Venise après l'avoir instruite, que vous allez à Rome, et à Naples. On me fait espérer que vous pourrez faire encore un voyage en France, et repasser par Genéve; Je le desire plus que je ne l'espére. Vous trouveriéz les environs de Genéve bien changés; ils sont dignes des regards d'un homme qui a tout vû. Je n'habite que la moindre maison de ce pays-là, mais la situation en est si agréable, que peut-être en voyant de votre fenêtre le lac de

Ge-

Genève, la ville, deux rivieres, et cent jardins, vous ne regrétteriez pas absolument Potzdam. Ma destinée a été de vous voir à la campagne; ne pourrai-je vous y revoir encore?

Voi trovereté difficilménte un pittore tal quale lo volete; e più difficilmente ancora un'impresario, o uno Swerts, che possa far rappresentare un'opera conforme alle vostre belle regole: Ma troverete nel mio ritiro *des delices* un dilettante appassionato di tutto ciò che scrivete, e non meno innamorato della vostra gentilissima conversazione. Je suis trop vieux, trop malade; et trop bien posté pour aller ailleurs; si je voyageais, ce serait pour venir vous voir à Venise; mais si vous êtes en train de courir, per Dio, venite a Ginevra.

J'adresse toujours ma lettre à Venise à bon compte.

To: XVI.   H

DI

ALGAROTTI

XXII.

A Bologne ce 3o. *mai* 1758.

Qual più amabile corriere potrei io. desiderare dell'amabilissima, e spiritosissima signora contessa di Bentinck? Ella non fa che passare per l'Italia, ed ha la maggior fretta del mondo per giungere tra li Svizzeri. E non meraviglia. Cotesti Svizzeri hanno nel seno loro un Voltaire. Possibile che in sulle porte dell'Italia non gli venga vaghezza di visitare i monumenti e le reliquie del superbo impero? ma possibile, dirà egli più tosto e con ragione, che essendo io sulle porte d'Italia, la leggiadra gente d'Italia, *quantum est hominum venustiorum* non venga in pellegrinaggio a Ginevra? Io vi ho fatto spedire mesi fa uno esemplare di varie mie operette che hanno stampato

pato

pato raccolte insieme in Venezia. Spero
che vi sarà pervenuto. Io ho veduto giorni fa una molto copiosa edizione delle·co-
se vostre fatta ultimamente in Parigi: ne
siete voi contento? Io ne lo sono stato mol·
tissimo; se debbo far giudizio dal piacere
che mi ha fatto il rileggere in essa molte
vivissime produzioni del divino vostro ingegno; e ancora più, se è possibile, sono
stato contento di quella edizione avendovi
trovato molte cose nuove massimamente
fra le storiche. Continuate ad illuminare il
secolo, a dilettarci, e ad instruirci che il
potete, e preparatevi a ricevere nelle vostre deliziose *delices* l'amabilissima contessa. Ella ha fatto in Venezia il conquisto
de' più amabili nostri signori, ha eclissato
le più spiritose dame, lo spirito stesso di
milady Mans ha patito eclissi. *Mon genie
étonné tremble devant le tien*, poteva ella
dire alla Bentinck, come Antonio al vostro
Cesare. Nel momento ch'ella lascia Bologna, io la lascio altresì. Parto per Venezia, dove sarò per alcune settimane. Un
motto che io vi riceva del divino Voltaire
mi farà piacere senza fine; mi cangerà Ve-

nezia in Parigi. Se avete avuto agio di dare una occhiata a quelle mie coserelle, che in questa edizione sono comparse al pubblico per la prima volta, mi gioverebbe sentirne il giudizio vostro. Se non ho dispiaciuto a chi è le delizie e il maestro della presente età, e lo sarà dell'età più lontane, che altro restar mi potrebbe a desiderare? Amatemi, e ricordatevi in mezzo alle vostre delizie, che io amo, stimo ed onoro voi senza fine. Farewell; i am for ever ec.

D I

VOLTAIRE

XXIII.

Aux Delices 2. settembre 1758.

Ritorno dalle sponde del Reno alle mie delizie. Qui vedo la sig. errante ed amabile; qui leggo, mio caro Cigno di Padova, la vostra vezzosa lettera. Siete dunque adesso a Bologna la grassa, ed avete lasciato Venezia la ricca: ma per tutti i santi, perchè non venite al nostro paese libero? Voi, che vi dilettate di viaggiare, voi che godete d'amici, d'applausi, di novi amori, dovunque andate? Vi è più facile di venire tra i papafighi, che non è a me di andare fra i papimani. Ov'è la raccolta delle vostre leggiadre opere? dove la potrò io trovare? dove l'avete mandata? per qual via? non lo so; aspetto li figliuoli per consolarmi dell'assenza del padre. Voi passate

li vostri belli anni tra l'amore e la virtù.
Orazio vi direbbe,

Quod tu inter scabiem tantam et contagia lucri
Nil parvi sapias, et adhuc sublimia cures.

Ed il Petrarca soggiungerebbe:

Non lasciar la magnanima tua impresa.

La signora di Bentinck è, come il re di
Prussia, condannata dal consiglio aulico, e
questa povera Marfisa non è seguita da un
esercito per difendersi.

Cette pauvre milady Blakakér, ou com‑
tesse de Pimbeche va encore plaider à Vien‑
ne. C'est bien dommage qu'une femme
si aimable soit si malheureuse: mais je ne
vois par tout que des gens à plaindre, à
commencer par le roi de France, l'impé‑
ratrice, le roi de Prusse, ceux qui meu‑
rent à leur service, ceux qui s'y ruinent,
et à finir par D'Argens.

Felix qui potuit rerum cognoscere causas; etc.
Fortunatus et ille Deos qui novit agrestes.

Pour milady Montaigu, je doute que son
ame soit à son aise; si vous la voyez, je
                                                    vous

vous supplie de lui présenter mes respects.
Farewell flos Italiæ, farewell wise man who-
se sagacity has found the secret to part
from Argaleon without being molested by
him.

Si jamais vous repassez les Alpes, souve-
nez-vous de votre ancien ami, de votre ancien partisan, le suisse Voltaire.

★◯★◯★◯★◯★◯★◯★◯★◯★◯★◯★◯★◯★

D I

A L G A R O T T I

XXIV.

Bologna 29. decembre 1758.

Spero che a questa ora avrete ricevuto
due tometti di varie cose mie, che il Pasquali ha stampato in Venezia un anno fa,
e ch'egli mi assicura avervi spedito per parte mia. Cy-joint vous trouverez une plaisanterie: je la croirai dans le gout de Swift

si elle ne déplait pas à Voltaire. Ho veduto questi passati giorni il sig. Hennin: e
l'ho veduto con tanto più di piacere quanto ch'egli è venuto a visitarmi per parte
vostra. Che fate voi ora, divino poeta?

E di quale ora tu ti cingi alloro?

Si rappresenterà qui la estate ventura la
vostra *Semiramide*. La traduzione è bellissima. Io ne ho udito due o tre scene: e
credo che meglio voltare non si possa dal
verso francese nell'italiano. Questa è pure
una di quelle rare volte che i grandi autori non sono traditi dal traduttore.

Molti abati Francesi sono ultimamente
passati per Bologna tornando dalla nobil Roma. Fra essi ci era l'enciclopedista Morellet, che è già stato a Ginevra per vedervi, e non vi ha potuto vedere, essendo
voi allora a Losanna. C'est faire le voyage de Rome et ne pas voir le pape. Io
amerò sempre l'abate Morellet non tanto
per gli articoli teologici che ci ha dato
nell'enciclopedia, quanto per alcune com-
posizioni vostre onde mi ha regalato, che

io

io non aveva. Se la sig. contessa di Bentinck è ancora costà, (e come potrebb'ella non esservi, essendoci voi?) ditele, vi prego, mille cose in nome mio, e ditele sopra tutto, che io vorrei esser terzo con voi: non però così che non sapessi andarmene, quando vi fossi di troppo.

P. S. Au cas que vous trouvassiez la plaisanterie, ou *manifesto* trop longue, car c' est le défaut ordinaire de semblables écrits. marquez-moi ce que vous en voudriez retrancher.

DI

VOLTAIRE

XXV.

Aux Delices 27. janvier 1759.

Tour le peuple commentateur
Va fixer ses regards avides
Sur le grave compilateur
De l'histoire des Nereïdes;
Mais si nôtre excellent auteur
Voulait nous donner sur nos belles
Des memoires un peu fidélles,
Il plairait plus à son lecteur.
Près d'elles il est en faveur,
Et *magna pars* de leur histoire,
Mais, c'est un modeste vainqueur
Qui ne parle point de sa gloire.

Il Pasquali è un traditore; niente ho ricevuto da sua parte. Mi accorgo bene, che un furbo cattolico librajo non ha la menoma corrispondenza coi furbi libraj calvinisti.

sti: però i fratelli Crammer di Ginevra sono uomini onesti e di garbo, ma il vostro Pasquali è un mancatore, ed io sono arrabbiato contra di lui.

Si jamais dans vos goguettes, vous vous remettez a voyager, n'oubliez pas de passer par les confins de Genève, où j'ai acquis de belles terres, que je ne dois pas à Argaleon. Vive memor nostri.

D I

ALGAROTTI

XXVI.

Bologna 31. maggio 1759.

Ho veduto questi passati giorni in Parma il padre Bettinelli, il quale è stato di tanto felice da potervi vedere et udire nelle vostre deliziose delizie. L'avrei ancora più lungo tempo veduto per il piacere singolarmente di parlar seco di voi, se me lo avesse permesso lo stato di mia salute sommamente languido. Ciò ha fatto che io abbrevj di molto il mio soggiorno in quella città; dove mi avea invitato la grazia del reale infante, e la rappresentazione di un' opera di un nuovo gusto, dove sono riuniti lo spettacolo francese e la musica italiana. Da Parma vi sarà trasmessa una tragedia italiana, sopra la quale si desidera il

giu-

giudizio vostro, che tanto è a dire il giudizio di Apollo. Hanno desiderato che io
ve ne scriva, e ho tolto volentieri a farlo
per ridirvi quanto io vi ammiri ed onori.
Dei leggiadrissimi vostri versi mandatimi
in occasione della *Nereidologia* ben vorrei
potervi degnamente ringraziare: e se il potessi, potrei certo moltissimo. Addio, *divine poeta*, godete la vita piantando il vostro giardino, e illuminando il secolo. Amate un poco chi amerà e ammirerà sempre
voi sinchè avrà vita e spirito.

DEL MEDESIMO

XXVII.

Bologna 10. *settembre* 1759.

Il sig. Agostino Paradisi è un gentiluomo
di Reggio che ha scritto di molto leggiadri
versi, e composto di cose assai gentili. Il
miglior pensiero che gli sia caduto in animo, benchè forse il più difficile da ese-
guirsi, è di tradurre un Voltaire, e di tra-
sportare i forti e nerboruti vostri modi sulla nostra lira. Egli ha messo in versi italiani il vostro *Cesare*. Ne ho veduto qualche pezzetto, che mi è piaciuto moltissimo. Ha voluto che io vi annunzj questa
sua versione e il nome suo. Egli ve la
manderà quanto prima, ed ella sarà pre-
ceduta da una epistola in versi a voi intitolata.

Mi piace avere una occasione di ricor-
dare la mia amicizia e la mia stima all'onore

re e al lume del secol nostro. *Salve, divine poeta*, amate un poco d'in mezzo alle vostre delizie e alla vostra gloria il vostro ec.

★○★○★○★○★○★○★○★○★○★○★○★

DEL MEDESIMO

XXVIII.

Bologna 14. *novembre* 1759.

DAL signor marchese Albergati, che è in Bologna il vostro Roscio, e il vostro Baron, ho ricevuto i cortesi vostri saluti; di che vi ringrazio senza fine. Con infinito mio piacere ho veduto rappresentata da lui e dalla sua compagnia la vostra *Semiramide* l'estate passata, e sento con egual piacere, che presto gli manderete una nuova vostra tragedia, che accrescerà, se è possibile, la vostra gloria, e farà a noi versare di dolci lagrime. Quante anime avete voi dunque,

di-

divino Voltaire! Ho veduto novellamente
l'amabilissimo abate di Saint-Non che vi
avea veduto alla deliziosa vostra villa; dove per Dio vi vedrò un giorno anch'io:
Mi ha detto, che presto ne darete la storia del czar Pietro. Oh bella opera che
sarà questa! Mi ricordo avervi udito dire
una volta: *Charles XII. a été mon sujet;
le czar Pierre est mon héros.* Lo farete di-
venire senza dubbio anche il nostro. E quando lo vedremo? Non vi so dire con qual
premura io abbia già dato commissioni per
averlo subito ch'egli uscirà, e con quale
avidità il leggerò. Quanto vi ringrazio che
abbiate realizzato la idea di Addison, e abbiate così spiritosamente dipinto l'ottimis-
mo. *Mon Dieu! que cet ouvrage est charmant!* Sarete assai contento della traduzione italiana della vostra *Semiramide*, che il
signor Albergati vi ha mandata. Voi siete
in italiano, se non così forte e nerboruto
come Voltaire, *simplex munditiis* come la
Pirra di Orazio. Certo che la traduzione è
pura, elegante, e poco o nulla sente del
francese.

Spe-

. Spero che a quest'ora vi saranno giunte
le mie operette, alle quali voi avete fatto
onore grandissimo desiderandole. Io avrei
alcune altre cosette da spedirvi. Indica-
temi quale strada potrei tenere per farlo
col più di prontezza e di sicurezza che si
potrà.

Avrete avuto a qnest'ora la traduziono
del vostro *Cesare*. Il sig. Paradisi mi scrive avervela spedita; e mi scrive altresì che
voi graziosamente gli dite in una lettera
vostra, che vi fate lecito di anteporre a'
castrati e a' loro trilli i virtuosi che hanno
c..... e buon gusto. Voi avete ben ragione; e il torto lo abbiam noi. Il migliore
spettacolo che abbiamo avuto da lungo tempo in Italia ce lo ha dato un principe francese la scorsa primavera a Parma: l'opera
di *Aricia* e d'*Ippolito* vi trasse un concorso grandissimo di persone: e fu forza il
confessare, che la nostra opera è solitudi-
ne seccaggine ec. ec. Mi piacque senza fine il vedere che le mie idee sopra l'opera
in musica non furono aeree, e che la mia
voce non fu *vox clamantis in deserto*.

Mi rallegro senza fine coi re, che dichia.
rin libere le terre di *so great a friend to
liberty as you are*, e che scrivano spesso *to
the greatest genius of age. Remember some
time in the middle of pleasures and muses
of your friend and admirer.*

★○★○★○★○★○★○★○★○★○★○★○★○★

D I
V O L T A I R E
XXIX.

Aux Délices 10. *decembre* 1759.

QUANDO mi capitò la vostra gentile pistola stava bene, e ne fui allegro tutto il giorno, ma sono ricaduto; sto male, e sono
pigro, attristato, malinconico; ho abbandonato un mese i miei armenti, e l'istoria,
e la poesia, ed ancora voi. stesso, Cigno
di Padova, che cantate adesso sulle sponde
del picciol Reno, *parvique Bononia Reni*.

Vi parlerò prima dell'opera rappresentata nella corte di Parma,

Che quanto io per udita ve ne parlo,
  Signor, mirasti, e festi altrui mirarla?

Il vostro saggio sopra l'*opera in musica*
fu il fondamento della riforma del regno
de' castrati. Il legame delle feste, e dell'
azione a noi francesi sì caro, sarà forse un
giorno l'inviolabil legge dell'opera italiana.

Notre quatrieme acte de l'opera de *Roland*, par exemple, est en ce genre un modéle accompli; rien n'est si agréable, si
heureux que cette fête de bergers qui an-
noncent à Roland son malheur. Ce contraste naturel d'une joïe naïve, et d'une
douleur affreuse est un morceau admirable
en tous tems, et en tous pays.

La musique change, c'est une affaire de
gout et de mode, mais le coeur humain
ne change pas: au reste la musique de Lul-
ly étoit alors la votre, et pouvait-il lui,
qui étoit un valente b.... di Firenze, connoître une autre musique que l'italienne?
Je compte envoyer incessament à mr. Albergati la piéce que j'ai jouée sur mon pe-

tit théatre de Ferney, et qu'il veut bien
faire jouer sur le sien, en cas qu'il ne soit
pas effrayé d'avoir commerce avec une espece d'hérétique, moitié français, moitié
suisse. Je crois, messieurs, que dans le
fond du coeur, vous ne valez pas mieux
que nous; mais vous êtes heureusement
contraints de faire votre salut.

Monsieur Albergati m'a mandé qu'il avait
vraiment une permission de faire venir des
livres: oh Dio! o *Dei immortales!* Les Ja-
cōbins avoient-ils quelque intendance sur
la bibliotheque d'un sénateur romain? *yes,
good sir, i am free and far more free than
all the citisens of Geneva. Libertas quæ
sera tamen respexit, sed non inermem.* C'
est à elle seule qu'il faut dire, *tecum vivere amem, tecum obeam libenter.* Cependant j'écris l'histoire du plus despotique
bouvier qui ait jamais conduit des bêtes à
cornes; mais il les a changées en hommes.
J'ai chez-moi au moment que je vous écris
un jeune Soltikof, neveu de celui qui a
battu le roi de Prusse; il a l'ame d'un
anglais, et l'esprit d'un italien.

Le

Le plus zélé et le plus modeste protecteur des lettres que nous ayons a présent en Europe, ·est monsieur de Skowallow, le favori de l'imperatrice de Russie. Ainsi les arts font le tour du monde; j'ai bien peur que bientôt ils ne périssent à Berlin. Le roi de Prusse me mandoit le 17. novembre. *Je vous écrirai dans trois jours de Dresde* . . . . et au bout de· trois jours il perd vingt mille hommes.

Du triomphe, à la chûte il n'est souvent qu'un pas.

Niente dal vostro librajo; ve l'ho detto·, è un mancatore. Annibal et Brennus passerent les Alpes moins difficilement que ne font les livres. *Interim vive felix, and dare to come to us.*

DEL MEDESIMO

XXX.

Aux Délices 27. janvier 1760.

*E*vrika, *Evrika;* l'ho ricevuto al fine questo prezioso ornamento della mia libreria;
ne ringrazio vivamente il caro autore, e
perdono al Pasquali, non lo chiamerò più
mancatore. Leggo la vostra raccolta con
sommo piacere. Passeggio tra una bella sel-
va, ripiena d'alti alberi, di grati arboscelli,
e di frutta e di fiori. Veramente credo che
l'Italia abbia ripigliato la sua antica premi-
nenza sopra di noi poverini, che andiamo
adesso guazzando nel fango senza genio, senza gusto, e senza denari; mais en récompense on nous frotte sur terre et sur mer,
et on nous refuse les sacremens *in articulo
mortis, et hoc præcipue est horrendum. Interim* enjoy your liberty your pleasures. On
vend à présent les poësies du philosophe de
sans soucy, elles seront à l'index. Vive memor nostri.

DEL MEDESIMO

XXXI.

Aux Délices 7. mars 1760.

JE suis malade depuis longtems, mon cher Cigne de Padoue, et j'enrage. Le *linquenda hæc* fait de la peine, quelque philosophe qu'on soit; car je me trouve fort bien où je suis, et je n'ai daté mon bonheur que du jour où j'ai joui de cette indépendance précieuse, et du plaisir d'être le maître chez-moi; sans quoi, ce n'est pas la peine de vivre. Je goûte dans mes maux du corps les consolations que votre livre fournit à mon esprit; cela vaut mieux que les pillules de Tronchin. Si vous voulez m'envoyer encore une dose de votre recette, je crois que je guérirai.

Si tout chemin mene à Rome, tout chemin mene aussi à Genéve; ainsi je présume qu'en envoyant les choses de messa-

I 4 gers

gers en messagers, elles arrivent à la fin
à leur adresse. C'est ainsi que j'en use
avec votre ami mr. Albergati, dont les lettres me font grand plaisir, quoiqu'il écrive comme un chat; j'ai beaucoup de peine à déchiffrer son écriture. Vous devriez
bien l'un et l'autre venir manger des truites de notre lac, avant que je sois mangé
par mes confreres les vers. Les gens qui
se conviennent sont trop dispersés dans ce
monde: j'ai quatre jésuites auprès de Ferney, des pédants de prédicants auprès des
Délices, et vous êtes a Venise ou à Boulogne; tout cela est assés mal arrangé; mais
le reste l'est de même. Ayez grand soin
de votre santé, il faut toujours qu'on dise de vous:

Gratia, fama, valetudo contingit abunde;

Pour *gratia et fama*, il n'y a point de
conseil à vous donner, ni des souhaits à
vous faire.

Vive memor lethi, fugit hora, hoc quod loquor inde est.
Vive lætus te ama me.

DEL MEDESIMO

XXXII.

Aux Délices 13. *juillet* 1760.

LE lettere sopra la Russia! Le desidero, le aspetto, le amerò; ma non sono capitate al mio ritiro. Il sig. Shellendorf lo riceverò come l'amico del mio Cigno, ma non è venuto.

Les revolutions de la Russie sont un fatras de déclamations. Je n'ai point encore la derniere partie des archives; *pendent opera interrupta*. On dit que les houzards ont pris un gros ballot; quand la guerre ne feroit que ce mal-là, elle serait toujours un fléau de Dieu.

La guerre des rats et des grenouilles continue à Paris. Voila une *batracomiomachia* on me l'a envoyée, et je vous l'envoie. Le port sera rude, mais pour le diminuer, je n'écris qu'un mot, ce mot est

que

que je vous aime et estime, aimerai et esti-
merai tant que je vivrai.

Mille tendres complimens, je vous en
prie, à mr. le senateur Albergati; je l'aime comme si je l'avois vû.

N. B. C'est dommage qu'un homme qui
écrit si bien, écrive si mal. Vous vous servez de la patte d'un chat, j'ai autant de
peine à déchiffrer vos lettres, que de plaisir à les lire, quand je les ai déchiffrées.

DEL MEDEŚIMO

XXXIII.

15. août.

Caro, vous voulez le *pauvre diable*, ec colo. Che fo io nel mio ritiro? crepo di ridere: e che farò? riderò insino alla morte; C'est un bien qui m'est dû, car après tout je l'ai bien acheté. J'ai vû le Shellendorf, il a dîné dans ma guinguette; il a un jeune homme avec lui qui paroit avoir de l'esprit et des talents; j'attens votre chimiste; mais je vous dirai, *attamen ipse veni*.

Fra un mese vi manderò il *Pietro*, mais songez que vous m'avez promis vos *lettres sur la Russie*. Je veux avoir au moins le plaisir et l'honneur de vous citer dans le second tome; car vous n'aurez cette année que le prémier. Cette histoire Russe sera la derniere chose serieuse que je ferai de ma vie.

Je

Je bâtis actuellement une Église; mais c'est que je trouve cela plaisant.

Tout mon chagrin est que vous n'ayez pas la *Pucelle*, la vraie *Pucelle*, très differente du fatras qui court dans le monde sous son nom. Quand je vous donnai le prémier chant à Berlin, je n'étais point du tout plaisant; les tems sont changés; c'est à moi seul qu'il appartient de rire; quand je dis seul, je parle de lui et de moi, et non de vous et de moi.

Je crois comme vous que Machiavel aurait été un bon general d'armée; mais je n'aurais pas conseillé au général ennemi de diner avec lui en tems de trêve.

Je ne sais pas encore si Breslau est pris; tout ce que je sais, c'est qu'il est fort doux de n'être pas dans ces quartiers-là, et qu'il serait plus doux d'être avec vous.

V'amo, v'amerò sempre. Votre *segretario* est un très-bon ouvrage.

DEL MEDESIMO

XXXIV.

Nò, nò, nò, caro cigno di Padova, non ho ricevuto le *lettere sopra la Russia*, e me ne dolgo; car si je les avois vuës, j'en aurois parlé dans une trés-facétieuse préface où je rends justice à ceux qui parlent bien de ce qu'ils ont vû, et où je me mocque beaucoup de ceux qui parlent à tort et à travers de ce qu'ils n'ont point vû; basta, ce sera pour l'antiphone du second volume; car vous saurez que n'ayant point encore reçu les mémoires nécéssaires pour le complément de l'ouvrage, je n'ai pas encore été plus loin que Pultava.

Orsù, bisogna sapere, che vi sono due valenti banchieri a Milano chiamati Bianchi e Balestrerio, e codesti rinomati banchieri sono li corrispondenti d'un valente mercadante di Ginevra, chiamato le Fort, di quella famiglia di le Fort, la quale ha

dato

dato alla Russia il gran consigliere del gran Pietro.

Le *lettere sopra la Russia* non si smarriranno quando saranno indirizzate dai Bianchi a un le Fort. Prenez donc cette voye, caro Cigno; e godete la vostra bella patria. Je vais adresser incessament à Venise le premier volume Russe par li signori Bianchi; je serais tenté d'y joindre le plan du petit château de Ferney que je viens de faire bâtir, moi tout seul. Les Allobroges me disent que j'ai attrapé le vrai goût d'Italie; *sed non ego credulus illis*. Mais j'ai bâti aussi une tragedie à l'italienne qu'on jouë actuellement à Paris. La scéne est en Sicile; c'est de la chevalerie; c'est du tems de l'arrivée des seigneurs Normans à Naples, ou plutôt à Capouë; il y est question d'un pape qui est-nommé sur le théatre; cependant les Français n'ont point ri, et les Françaises ont beaucoup pleuré.

Je tiens toujours mes bons parisiens en haleine de façon ou d'autre; j'amuse ma vieillesse; il n'y a guéres de momens vuides. Vous êtes, vous, dans la force de l'age et du génie; je ne marche plus qu'

avec

avec des béquilles, et vous courez et vous allez ferme, et le dame e le muse vi favoriscono a gara. *Vive beatus. Have you read* Tristam Shandi? *'tis a very unaccountable book; an original one they run mad about it in England.*

Les philosophes triomphent à Paris. Nous avons ecrasé leurs ennemis en les rendant ridicules. Vivez *beatus,* vous dis-je.

D I

A L G A R O T T I

XXXV.

Bologna 26. settembre 1760.

Includo un breve commento sopra un vostro fratello maggiore di età, non di merito. Parmi non aver veduto nel mio autore se non quello che veramente ci è. Siane il giudizio in voi, arbitro *omnium elegantiarum*.

Torno a ringraziarvi del piacere che mi hanno dato *l'Ecossaise et les Facéties parisiennes*. Ci avete promesso al nuovo anno il secondo tomo dello Czar. Questo veramente sarà un darci *les plus belles étrennes*. Donnez-moi aussi des étrennes en m'apprenant que vous vous portez bien. *Cura valetudinem tuam*, dalla quale dipende tanta parte de'nostri piaceri e della nostra instruzione.

D I

V O L T A I R E

XXXVI.

Au château de Ferney 28. *novembre* 1760.

Un de mes chagrins, monsieur, ou plu-tôt mon seul chagrin est de ne pouvoir vous écrire de ma main : Combien vous êtes aimable ! Vous parlez d'Horace com-me un homme qui auroit été son intime ami, comme si vous aviez vécu de son tems. Il est juste qu'on connaisse à fond les caractéres aux quels on ressemble. Pour César j'imagine que vous auriez fait un voyage dans nos Gaules avec le frère de Ci-ceron, au lieu d'aller à Petersbourg ; et que vous l'auriez empêché de se brouiller avec Labienus.

Je ne sais comment vous faites votre compte ; mais on croiroit que vous ayez vécu familiérement avec tous ces gens-là.

To: XVI.   K   Je.

Je vous fais encore de très-sérieux re-merciments sur votre *voyage de Russie*; il y-a toujours quelque chose à apprendre avec vous, de la Zône tempérée à la Zô-ne glaciale.

J'ai eu l'honneur de vous envoyer la première partie de l'histoire du Czar, et c'est probablement celle que vous avez. Vous me permettrez, s'il vous plait, de vous citer dans la seconde; j'aime à me faire honneur de mes garants; il y a plai-sir à rendre justice à des contemporains tels que vous. D'ailleurs l'histoire d'un fondateur est pour les sages, et l'histoire de Charles-douze plairoit aux amateurs des romans; si ce Don-Quichotte, au-moins avoit eu une Dulcinée. On n'a aujourd'hui à écrire que des massacres en Allemagne, des processions à Rome, et des facéties à Paris.

Lætus sum, non validus, sed tui amantissimus.

DEL MEDESIMO

XXXVII.

Au château de Ferney 1. may 1761.

Sɪ je suivois mon goût, j'écrirois toutes
les semaines au Cigne de Padoue, mais un
vieux malade ne fait pas ce qu'il veut; la
vieillesse est le partage des desirs impuis-
sans. J'ai pourtant écrit une lettre de quatre pages en envoyant un petit paquet qui
doit être parvenu à Venise. Je crois que
mon cigne fait actuellement entendre ses
chants mélodieux à Boulogne. Pourroit-il
avoir la bonté de me mander, si en Italie c'est la coutume de jetter à la voirie
les acteurs qui ont joué les opera de Me-
tastasio? c'est une querelle qui se renouvelle actuellement en France. Nous pré-
tendons qu'on ne doit point refuser la se-
pulture à des citoyens qui sont aux gages

K 2   du

du roi : il est plaisant qu'on enterre le bour-
reau avec cérémonie, et qu'on ait jetté à
la voirie mlle. le Couvreur. Je sais bien
que les rituels de l'Italie et des Gaules sont
les mêmes ; je sais que dans les uns et dans
les autres on excommunie les sorciers, les
farceurs qui vendent de l'orvietan dans la
place publique pendant la messe, les sau-
terelles, et ceux qui ne payent pas les dix-
mes à l'Eglise ; mais vous êtes plus sages
que nous ; vous laissez dormir les loix ridicules, faites dans les tems de barbarie,
et nous sommes asséz barbares pour réveil-
ler ces loix : c'est que nous avons des Jan-
sénistes, et que vous n'en avez point. Les
gouvernements tranquilles sont moderés, et
les gouvernements contredits sont de mauvaise humeur.

Je fais ce que je peux pour rendre les
jesuites, et les jansenistes ridicules : Dieu
bénit quelquefois mes petits soins ; s'il vouloit bénir aussi les jardins que j'ai plantés,
il me feroit grand plaisir : mais nous avons,
nous autres Allobroges, des vents de bize,
que vous autres Boulonnais ne connoissez
pas ; sans cet abominable vent du nord qui

gâte

gâte tout, notre petit pays vaudroit mieux que celui du Pape.

Nous allons avoir la paix; ferez-vous un petit tour à Sans-Soucy? Pour moi je ne crois pas que je refasse le voyage. Bon soir, le plus aimable des hommes; je suis le plus malingre, mais je ne suis pas le plus triste. Vi abbraccio teneramente.

DI
ALGAROTTI

XXXVIII.

Bologna 27. giugno 1761.

TORNATO dalla Romagna, dove ho fatto un giro, ho trovato la graziosissima lettera vostra del primo maggio. Vi ringrazio senza fine del piacere che mi aspettava, la mercè vostra, in Bologna, e che, la mercè vostra, vi ho gustato. Un altro piacere ancora grandissimo ho gustato per voi, benchè non mi venisse direttamente da voi. Mi hanno mandato novellamente da Parigi *le Rescrit de l'Empereur de la Chine*. Oh la cara cosa ch'egli è!, le Grazie parlavano, Voltaire scriveva. Lo mando a mylady Orford a Fiorenza che mi domanda continuamente di voi e, come tutte le belle anime, è innamorata di voi. Le mando altresì una delle copie che mi avete favorito del vo-

stro

stro *Tancredi*, acciocchè quella tragedia francese esprima lagrime da occhi inglesi. L'altra copia, di che mi siete stato cortese non ho potuto negarla a un nostro gentiluomo veneziano il sig. Alvise Contarini ora podestà di Verona, degno veramente di leggervi. Uno degli esemplari per altro lo ricupererò, perchè senza uno di essi non potrei stare. Il mese venturo vedremo qui rappresentata questa vostra bellissima tragedia calzata di coturno italiano. Vogliano le Muse che calzi così bene come il coturno francese. Sarà veramente miracolo di Apollo. Mi assicurano che il secondo tomo della vita del czar Pietro è sotto il torchio. È egli vero? datemi voi medesimo così lieta novella. Je ne sais pas si vous êtes le plus malingre, mais je sais bien que vous êtes le plus gai des hommes. Vous savez bien aussi que je suis le premier de vos amis et de vos admirateurs.

Depuis quelque tems il semble que cette paix tant desirée recule au lieu d'avancer. *Italiam sequimur fugientem.*

DI

VOLTAIRE

XXXIX.

Au château de Ferney 14. *septembre* 1761.

Vous pourriez bien me dire, **mon aimable** Cigne de Padouë,

Tam raro scribis ut toto quater in anno.

Ce n'est pas meme *quater;* mais je suis si vieux, mes yeux sont si faibles, mes occupations sont si horriblement multipliées, que je ne peux pas disposer d'un moment, passant la moitié de la journée à souffrir, et l'autre à travailler.

On m'a proposé dans l'Académie française de donner un recueil des auteurs classiques du siécle de Louis XIV, avec ce que les savants appellent un commentaire perpetuel. J'ai choisi Corneille pour ma part. Ce n'est pas un petit emploi que

d'avoir

d'avoir trente deux piéces de théatre à commenter: mais ayant chez-moi l'héritié-re, du nom de Corneille, il falloit bien que je me chargeasse du grand-pere, comme de la petite fille. L'ouvrage est revû par l'Académie, et je crois qu'il sera utile aux étrangers qui savent notre langue, et aux Français qui souvent ne la savent pas.

On ne sauroit trop se donner de l'occupation dans la vieillesse. Il n'y a que cette façon de se consoler des plaisirs qui nous fuyent. Je bâtis à la fois une église et un théatre; ils ne sont pas, je l'avoue, dans le goût de Palladio, mais j'ai l'insolence de croire que vous seriez content de mon petit château. Il est fort triste d'y mourir sans vous avoir vu. Si jamais vous retournez à Berlin, n'est-il pas vrai que vous passerez par chéz-nous?

Vous m'avez demandé quand je vous enverrois le second tome de Pierre le grand. Ce sera quand mad. sa fille aura le loisir de me communiquer des memoires; car je n'en ai pas de quoi composer quatre feuilles. On croit avoir donné des materiaux à un historien, quand on lui a envoyé la

char-

charge d'un mulet de details militaires,
de marches et de contre-marches. Vous
qui avez le nez fin, vous savez si c'est là
ce qu'il me faut. Mais vous, homme aimable et universel, quels sont vos plaisirs,
et vos travaux? Vous ne savez point à quel
point j'aime tous vos ouvrages. Il me semble que depuis Galilée, il n'y a que vous
qui instruisiez avec agrément. Vous êtes
né avec un talent bien rare que vous avez
perfectionné, et ce talent c'est le goût,
divinité très inconnue à la plus part des
philosophes.

Je pourrois dans quelques mois vous envoyer un petit paquet dont vous ne seriez
pas faché; mais comment vous le faire parvenir? j'espére que je trouverai quelque
anglois qui ira en Italie acheter des copies
qu'il prendra pour des originaux, et des
medailles qu'il croira antiques. Pour peu
qu'il ait le sens commun, il cherchera à
vous voir, et je le chargerai de mon paquet. La France pourroit bien aussi vous
envoyer quelques jesuites; il y en a qui
ont de l'esprit, et je m'adresserai à eux.

Adieu,

Adieu, je me console de votre absence, avec l'idée que vous m'aimez toujours un peu. Addio, caro.

★○★○★○★○★○★○★○★○★○★○★○★

DEL MEDESIMO

XL.

Au château de Ferney 24. octobre 1761.

J'ecris bien rarement de ma propre main, caro Cigno; mais quand j'ai un moment où je souffre un peu moins, ce moment est pour vous. Mr. Crawford qui vous rendra cette lettre est le parent de ceux qui nous battent, et il est fait pour être au nombre de ceux qui nous instruisent. Il dit qu'il va passer l'hiver en Italie pour sa santé, mais dans le fond je crois que c'est uniquement pour vous voir; car assurément ce n'est pas pour voir des moines. Il faut que les êtres pensants se ren-

con-

contrent; vous êtes dignes l'un de l'autre, et je vous envie tous deux. On prétend que vous venez en France au printems ; passez donc par ma petite retraite avec mr. Crawford ; vous-y trouverez la liberté que vous aimez, et l'éstime, l'amitié, le zèle, et l'accueil que vous méritez.

Adieu ; tâchez que votre partisan le plus passionné ne meure point sans avoir eu la consolation de vous embrasser,

D I

A L G A R O T T I

XLI.

Bologna 3. agosto 1762.

Ed è egli pur vero che io sia stato così lungo tempo senza aver avuto nuove dell'uomo che io sovra ogni altro amo, stimo, ed onoro? È vero; e non so come possa essere. Ora io ve ne domando con quella avidità, che risponde a una così lunga privazione. Abbiamo qui il sig. Agostino Paradisi il quale è per dare alle stampe le traduzioni che ha fatto del *Tancredi*, del *Cesare* e di *Maometto;* e già saprete a quest'ora che un certo abate chiamato Cesarotti ha già dato alle stampe le traduzioni che ha fatte anche egli del *Cesare* e del *Maometto*, le quali non ho potuto vedere per ancora. Stimo che non saranno inferiori a quelle del Paradisi, essendo anch'egli uo-

mo che sa molto bene maneggiare il verso. Voi preparate senza dubbio di novello
lavoro a'nostri traduttori. Tra l'altre belle produzioni vostre vien detto vi sia un
Cromuello. Per Dio, ditemi se è vero, e
fate che io sia dei primi a legger cosa la
quale è così degna del vostro stile, e di
calzare il vostro coturno. Addio, savio gentile, che tutto sa; amatemi e credetemi
quale pieno di ammirazione io sono veramente.

P. S. Abbiamo veduto veramente questi
passati giorni se *Fortuna est sævo læta ne-
gotio*, e quanto sia *ludum insolentem lude-
re pertinax*.

DI

VOLTAIRE

XLII.

Aux Delices 13. aout 1762.

L'éternel malade et l'éternel barbouilleur ne peut guéres écrire de sa main, mais son coeur aimera toujours son Cigne de Padouë. Je suis accablé de casse, de manne, et des tragédies de Pierre Corneille. J'aimerois encore mieux faire le *Cromwell*, dont vous me parlez, mon cher seigneur, que de commenter le *Roy des Huns*, *Théodore*, *Pertharite*, *Agesilas*, *Surenna* etc. Il y a malheureusement vingt piéces que jamais on n'auroit dû imprimer; mais le Public veut avoir toutes les sottises des grands hommes. Je dirai trés-peu de choses de la foule des mauvaises piéces, mais je m'étends beaucoup sur celles qui ont eu du succés, et qu'on représente encore.

Les

Les défauts sont innombrables , mais les beautés sont trés-grandes. Quatre ou cinq cent beaux vers sont tout ce qui nous reste de deux ou trois mille tragédies jusqu'à Racine. Nous avons été bien barbares, j'en suis tout effrayé.

Je crois que vous vous intéressez plus qu'un autre à la dernière tragédie de Russie; vous avez été dans le pays; c'est celui des revolutions.

Je vois tout cela avec une longue lunette d'approche. Si Pierre Ulric n'est pas mort, je lui conseille d'aller passer le carneval à Venise avec les six rois qui ont soupé avec Candide.

Il est vrai que toutes les revolutions que j'ai vuës depuis que je suis au monde, n'approchent pas de celle de Cromwell. Je ne crois pourtant pas que je mette jamais cet illustre fripon sur le théatre; il me faudroit un parterre de Puritains; et les Puritains ne vont pas à la comedie.

Si vous voyez mr. Paradisi, faites-lui, je vous en prie, mes très-tendres complimens, et soyez persuadé que je vous aimerai toute ma vie.

D I

ALGAROTTI

XLIII.

Pisa 17. decembre 1762.

Le buone feste e il buon capo d'anno a
chi fa tanto onore al secolo, a quell' uomo, a cui tutti gli altri dovrebbono dar
parte della vita loro inutile ed oziosa, perchè non avesse da morir mai. Io per mo-
rire il più tardi che sia possibile, sono venuto a respirare quest'aria temperata e dolce di Pisa, lasciando quella aspra e fredda
di Bologna. Qui gli aranci sono allo sco-
perto nel mese di dicembre, e portano i
più bei frutti del mondo. Qui cresce l'*ar-
bor vittoriosa e trionfale*, della quale voi
avete ricinte le chiome. Scrivetemi alcuna
cosa di voi, e degli studj vostri, e allora
quando avrò di vostre nuove, mi parrà di
essere non in Pisa, ma in Atene. Che dite

To: XVI.   L   della

della pace? La Francia l'ha fatta buona
certamente, e migliore che non la poteva
sperare. Ha molto da ringraziare il genio
mite di milord Bute. Al dì 9. di questo
mese essere ci doveano nel parlamento di
grandi *debates* per li preliminari: e Pitt,
benchè ammalato di gotta, ci doveva essere per tonare contro a Bute. Pare ad alcuni che gl'Inglesi avessero il mondo in
mano, e l'abbiano gittato via. Ma quando
seguirà la pace in Germania? Marte non
vorrà mai saziarsi *nimis longo ludo*? Ho letto nelle gazette inglesi che avete condito
una festa data al duca di Richelieu con
una tragedia intitolata la *famille d'Alexan-
dre*. E quando la vedremo anche noi altri
mortali? Quando vedremo la seconda parte
della vita del Czar? Ho dato ordine a Venezia che vi mandino una ristampa che
hanno ivi fatta delle *lettere militari* un po
più ampia della prima, la quale ebbe la
sorte di trovar grazia dinanzi agli occhi vostri. Ricevetela come un tributo che io pa-
go al re degli scrittori, e mandatemi in
cambio qualche altra cosa di vostro, che
ne ammaestri, e ne diletti a un tempo,

come

come voi sete sempre solito di fare. Sopra tutto amatemi, e non vi scordate di chi tanto vi ama, vi stima, e vi onora.

★◯★◯★◯★◯★◯★◯★◯★◯★◯★◯★◯★

DI

VOLTAIRE

XLIV.

A Ferney 17. *janvier* 1763.

Mon cher Cigne de Padoüe, si le climat de Boulogne est aussi dur, et aussi froid que le mien pendant l'hiver, vous avez fort bien fait de le quitter pour aller je ne sais où; car je n'ai pas pû lire l'endroit d'où vous datez; et je vous écris à Venise, ne doutant pas que la lettre ne vous soit rendue où vous êtes. Pour moi je reste dans mon lit, comme Charles-Douze, en attendant le printems. Je ne suis pas étonné que vous ayez des lauriers dans

la campagne où vous êtes; vous en feriez
naitre a Petersbourg.

En relisant votre lettre, et en tâchant
de la déchiffrer, je vois que vous êtes à
Pise, ou du moins je crois le voir. C'est
donc un beau païs que Pise? Je voudrois
bien vous-y-aller trouver; mais j'ai bâti,
et planté en Laponie, je me suis fait Lapon, et je mourrai Lapon.

Je vous enverrai incessament le second
tome dû czar Pierre. Je me suis d'ailleurs
amusé à pousser l'histoire générale jusqu'à
cette paix dont nous avions tant besoin.
Vous sentez bien que je n'entre pas dans
les details des operations militaires. Je n'ai
jamais pû supporter ces minuties de carnage. Toutes les guerres se ressemblent à peu-
prés; c'est comme si on faisoit l'histoire
de la chasse, et que l'on supputât le nombre des loups mangés par les chiens, ou
des chiens mangés par les loups.

J'aime bien mieux vos *lettres militaires*
où il s'agit des principes de l'art. Cet art
est à la verité fort vilain, mais il est nécessaire. Le prince Louis de Wirtemberg
que vous avez vû à Berlin a renoncé à cet

art

art comme au roy de Prusse, et est venu s'établir dans mon voisinage. Nous avons des neiges, j'en conviens, mais nous ne manquons pas de bois. On a des théâtres chez-soi, si on n'en a pas à Genêve; on fait bonne chére; on est le maître dans son château; on ne paye de tribut à personne; cela ne laisse pas de faire une position assez agréable. Vous qui aimez à courir, je voudrais que vous allassiez de Pise à Gênes, de Gênes à Turin, et de Turin dans mon hermitage; mais je ne suis pas asséz heureux pour m'en flatter.

Buona notte, caro Cigno di Pisa.

DI

ALGAROTTI

XLV.

Pisa 14. febbrajo 1763.

E quando sarà che io vogga il secondo
tomo della storia del Czar? Per Dio man-
datemelo presto, se non volete che io mi
consumi del desiderio di vederlo. E quando poi sarà, che io vegga la présente storia descritta da voi? Ella era materia dalla vostra penna,

Non d'áltri omeri soma che da' vostri.

Sarete presto al punto finale, poichè tutte le novelle portano, che dentro l'inverno avremo anche la pace tra la regina, ed
il re. Me felice se potessi seguire il vostro
itinerario, la cui meta è il delizioso vostro
romitorio. Ma per ora mi conviene pensa-
re a'viaggi, non di delizia, ma di salute.

Lo

Lo stesso è de' cibi. Talchè io vivo del tutto medicamente, *id est* miseramente. Mandatemi da leggere delle cose vostre. Saranno quelle i più delicati *ragouts* per il mio spirito, e allora io potrò dire, che

Ambrosia, e *nettar non invidio a Giove*.

Vale Farewell; **love** your friend and admirer.

D I

VOLTAIRE

XLVI.

Aux Delices 5. mai 1763.

Vous n'êtes pas homme à être encore à
Pise, monsieur, à moins que vous n'y soyez amoureux; et dans cette incertitude il
faut que je vous demande où vous êtes.
En vérité puisque vous aimez tant à voyager par le monde, vous devriez bien me
venir voir avant que je le quitte. Si j'étois
jeune comme vous, je vous reponds que
je viendrais vous rejoindre en quelque endroit que vous fussiez. Je fais actuellement
le métier que Virgile a chanté, je suis
agricola, mais je ne dirai pas, *felicem ni-*
mium; cela pouvoit être vrai auprés de
Mantouë, mais non pas auprés du lac de
Genêve, où les terres ne rapportent rien
depuis qu'elles ont été excommuniées. Ce

sera

sera quand je vous reverrai, que je dirai, *felicem nimium*.

Si vous voulez avoir le second tome de Pierre le Grand, mandez-moi où vous êtes, et comment je pourrai vous l'adresser. Je vous ferai une petite pacotille de livres à condition que la sainte inquisition ne s'en emparera point. En vérité je ne connois de pays vraiment libre que celui où je suis. Il me semble que dans l'empire romain on ne demandoit point la permission de lire à un jacobin. Les Italiens sont des oiseaux à qui la nature a donné les plus jolies ailes du monde, mais les prêtres vous les coupent; sans cela mon Cigne de Padouë volerait par dessùs le dôme de saint Pierre.

DEL MEDESIMO

XLVII.

A Ferney 26. *juillet* 1763.

Toute l'ambassade venitienne qui venoit de complimenter le roy d'Angleterre est venue fondre dans mon petit château. Monsieur Querini qui me paroit avoir plus d'esprit que le cardinal Querini, m'a fort affligé en me disant que mon Cigne de Padoüe ne battoit que d'une aile, et était assez malade. Croyez-moi, profitez des beaux jours. Venez vous mettre entre les bras de Tronchin; la vie est préférable à tout. Madame Denis aura soin de vous a Ferney, et aux Delices; je souffrirai avec vous, et je ne souffrirai plus, si vous guerissez. Si j'avois santé et jeunesse, je viendrois vous chercher moi-même. Je vous embrasse tendrement.

D I

ALGAROTTI

XLVIII.

Pisa 5. decembre 1763.

Eccomi di nuovo alla mia infermeria d'inverno, dove per altro da tre settimane in qua ha fatto un tempo alpigiano. Ora si è incominciato a rimettere; ed oggi questo cielo si poteva chiamare veramente *Italian sky;* o per meglio dire *Pisan sky;* temperato e dolce come sarebbe il mese di aprile. In Firenze, dove sono stato assai male, e dove veramente *je ne battois que d' une aile,* ho ricevuto la lettera vostra de' 17. ottobre piena di spirito, di grazia, di atticismo. Ve ne rendo quelle grazie che so e posso maggiori. Il cavalier Guazzesi, ed io vogliamo correre il risico dell'*ipso facto:* e basta che voi facciate tenere i libri a mr. *François Philibert a Genéve;* ch' egli,

egli, che di ciò è già avvertito, ce li farà

mesi nel tragitto. Vi prego ricordarvi di
far porre nello involto il secondo tomo della storia del Czar, che ci avete promesso,
e che io ho letto con infinito mio piacere
e profitto queste passate settimane in Firenze.

Si è incominciata qui in Toscana una
edizione di varie mie coserelle, che andran-
no a non so quanti tometti. Il primo uscirà tra quindici giorni al più tardi. Indica-
temi un mezzo, onde io picciolo regoletto
possa mandare questo tributo al sovrano
della letteratura quale siete voi.

Ho letto questi passati giorni un libro,
che mi ha fatto gran piacere. Questo è la
storia delle matematiche del sig. Montucla.
Chi è cotesto Montucla? Veggo bene ch'egli
è un valentuomo. Ma vorrei sapere alcuna cosa delle altre sue condizioni. E chi
è il sig. *Dupleix* membro dell'accademia
delle scienze, che se ne va a Pietroburgo
in luogo di d'Alembert? Un uomo di gran
coraggio, mi direte voi; e così pare anche
a me. Ho ricevuto jeri una lettera del nostro

stro amico Formey; nella quale egli mi dice: *Que dites-vous de Bielfeld chevalier de s. Anne pour avoir fait des* institutions *politiques, qui effacent Montesquieu?* Ho letto ultimamente le sue lettere familiari; e ho veduto *l'admiration qu' il vous porte.* La mia è senza pari, quale si conviene all' uomo del secolo. *Farewell, et me, ut facis, ama.*

LETTERE

DI

MAUPERTUIS.

LETTERE

DI

MAUPERTUIS (1).

I.

De Berlin ce 21. janvier 1741.

Soyez le bien arrivé à Francfort, et sans doute ailleurs maintenant. Vous êtes bien heureux de n'avoir été ni gelé ni noyé, et de conserver dans les frimats les fleurs de votre conversation ordinaire, et la vivacité

té

---

(1) Pietro-Luigi Moreau di Maupertuis nato nel 1698, e mancato a'vivi nel 1759. fu uno de' più belli e sublimi ingegni che abbia prodotto la Francia in questo secolo. Testimonj del suo valore, e titoli ben giusti alla luminosa celebrità onde tuttavia gode rimangono le sue opere, che pubblicate in diversi tempi dal 1724. in poi, indi riunite in un sol volume e stampate a Dresda nel 1752., e finalmente in più

To: VI.   M   cor-

té de votre imagination. Pour moi je n'espere rien de la mienne jusqu'a ce que
j'aye respiré la queue de la Comete. Vous
trouvez dans votre chaise mal fermée, ca-
hotée, enneigée, un cabinet ou votre esprit

corretta ed ampia forma riprodotte nel 1758.
a Lione, sono per le mani di tutti. *Les questions les plus sublimes de la geometrie et*
des sciences qui en dépendent, reçurent en-
tre ses mains ce degrè de développement et
de precision, que la justesse et la force de
son esprit ont repandu sur tous les sujets
qu'il a traités.... Cette clarté et cette gra-
ce avec les quelles il savoit exprimer les cho-
ses les plus abstraites, et mettre dans le plus
grand jour les secrets des sciences plus pro-
fondes, le distinguerent de la foule des au-
teurs et des philosophes; et il trouva dans
ces ressources de quoi s'elever tout d'un
coup à ce premier rang que si peu de sa-
vans obtiennent, et ou ils ne parviennent mê-
me qu'après de longs efforts. Cosi il chiaris-
simo *Formey* nell'elogio ch'ei pubblicò di questo grand'uomo negli atti dell'Accademia R.
di Berlino.

È abbastanza famosa la spedizione al Polo
di

prit petille, pendant que dans un poële bien chaud le mien gele. J'avois presqu'envie d'attendre à recevoir le manuscrit que je vous ai promis pour vous écrire, mais j'ai voulu vous faire voir que je

sais

di cui egli fu capo, per misurare il grado del meridiano; mediante la quale si venne a capo di fissare la vera figura della terra, e si appose la più solenne conferma alla teoria sublime di Newton. Onorato della stima e dell'amicizia di Federigo il grande, preposto da lui alla direzione della celebre Accademia di Berlino, fregiato delle distinzioni più lusinghiere, egli offre nella storia letteraria uno di quegli esempj rarissimi, dove il merito sebben grande vedesi perfettamente daccordo colla fortuna. La sua amicizia con Algarotti nata a Parigi nella communione scambievole degli studj e delle inclinazioni, e stretta sempre più dalla conoscenza delle qualità amabili dell'animo e dell'ingegno, si mantenne sempre costante fino alla morte; e ne sono una prova le pistole che or pubblichiamo trascelte da un numero ben più grande di altre, e piene tutte delle testimonianze della più alta stima e della più cara benevolenza verso del nostro italiano.

M 2

sais vaincre ma paresse, quand l'occasion
le mérite : et dusse-je ne vous avoir fait
que du bavardage j'ai voulu vous écrire.
La plûpart des choses ne valent pas le
mouvement des levres qu'il faut pour les
dire ; moins encore valent elles la peine de
tailler une plume, de la tremper dans l'
encre etc.; mais surement si l'on prenoit
la peine de relire les lettres après les avoir
écrites, on n'en enverroit guère. Je ne
vous envoye donc cette-ci que pour avoir
des votres, et savoir de vos nouvelles.

J'ai fait tous les complimens que vous
me marquiez, je ne saurois cependant croire (soit dit sans vous déplaire) que *qui
sedens adversus, identidem illam spectat et
audit;* je ne saurois croire, dis-je, qu'*ille mî par esse Deo videtur.* Pour moi,
graces à Dieu, je suis blasé par les beautés d'ici, qui sont en trop grand nombre
pour me faire impression. Adieu, mon cher
comte, aimez-moi toujours : dites-moi ce
que vous devenez ; et quand vous revenez : si vous passez par Paris etc. vous
pouvez compter que c'est comme si vous
ne le disiez à personne ; excepté que vous
me

ine ferez grand plaisir de m'apprendre
quand j'aurois celui de vous revoir.

○○*○*○*○*○*○*○*○*○*○*○*

II.

De Berlin ce 18. fevrier 1741.

Vous êtes maintenant sans doute arrivé,
reposé de toutes vos fatigues, réchauffé de
vos neiges, comblé de succés et de gloire:
et vous n'avez rien à envier à un philosophe qui est demeuré dans l'obscurité de son
cabinet. Mais vous me donnez de beaux
secrets à garder lors que tout le monde
sait que vous avez passé à Berne, où vous
avez soupé, et ce que vous y avez dit, je
me suis donné beaucoup de ridicule avec
mon air mistérieux.

Je vous suis bien obligé de rompre la
lance pour moi avec les gens que vous ren-
contrez dans votre chemin, comme vous
avez fait à Strasbourg: la comparaison de
moi à la musique italienne seroit tout ce

M 3   qu'

qu'il -y- a de plus flatteur, si je pouvois croire avoir plû à votre oreille ; mais je suis bien fâché que vous ayez empeché mon traducteur König de refuter *l'éxamen disinteressé*, c'eut été une comédie que je pouvois me donner ; et je ne voudrois point que personne put avoir quelque certitude sur l'auteur de ce livre. Vous en aurez sans douté aussi parlé aux Bernoulli, et vous aurez gâté mes affaires. Ce n'est pas que j'eusse à craindre que l'on me crut l'auteur de cet ouvrage ; s'il n'y avoit que cela ; mais c'est qu'il pourroit arriver qu'on me crut après cela l'auteur de tous les ouvrages que pourroient paroître. J'ai oui dire, par exemple, qu'il paroit une nouvelle édition de ce livre avec des additions considerables: et l'on ne manquera pas encore de me l'attribuer. Vous avez vu en König un contraste incompréhensible d'épaisseur et de subtilité ; mais je crois que dans tous ceux qui par amitié pour moi voudront réfuter *l'examen*, l'épaisseur domine.

Je vous ai déjà envoyé il -y- a du tems, le manuscrit que vous desiriez ; instruisez-moi,

moi, je vous prie, de vos marches, et continuez d'entretenir un commerce qui vaincra toujours ma paresse ou mes occupations. Mon ouvrage sur le monde et sur ses aventures est achevé, et seroit déjà sous la presse si la vie incertaine que je mene, me l'avoit permis. Je vous avoue d'ailleurs que je crains un peu pour le succes de cet ouvrage, qui est tout propre à scandaliser les foibles ; le cas que vous paroissez faire de mes pensees, me feroit affronter l'opinion de mille autres : je suis assuré sur tout que mes idées sur l'espace et sur l' essence de la matiere déplairont étrangement à m. Wolff et ses sectaires: si ces messieurs font contre moi des infolio, vous me defendrez un épigramme.

Adieu, mon cher Algarotti, aimez-moi toujours, et dites-moi quand je pourrai avoir le plaisir de vous revoir.

III.

Berlin ce 26. fevrier 1741.

Je reçois votre lettre du 1. de ce mois et suis fort aise de vous voir arrivé en bonne santé. Je suis surpris que vous n'ayez pas trouvé à Turin de mes lettres; car je vous en ai écrit plusieurs, et une entre autres où étoit le manuscrit en question. J'espere que vous l'aurez reçue depuis.

Pourquoi avez vous été dire à König que j'étois l'auteur de *l'examen*? je le lui nie tout ouvertement, et lui dis que vous avez voulu apparement vous divertir. Il prétend cependant qu'il avoit déjà deviné l'auteur; mais ce n'est pas l'homme le plus fin du siecle.

On vous fait un crime plus grave en France des propos que vous devez avoir tenu contre la France en Suisse : qui, comme vous pouvez bien croire, est françoise jusqu'à prendre ombrage des moindres choses.

ses. Cela a été écrit sur le champ en France, et en est revenu jusqu'ici.

Le Roi a été ici quelques jours et est reparti pour la Silesie: je ne sais encore ce que je ferai; mais je crois que je profiterai de ce tems pour faire quelque voyage, et voici le tems du voyage d'Islande, ou jamais. Il me sera bien diferent de le faire, ou de l'avoir fait avec vous, comme nous l'avions projetté. Mais vous voila un ministre d'état, et moi un aventurier qui vient débiter sa marchandise mal à propos.

Sans vouloir penetrer dans les affaires d'état, dites-moi à peu près quand on peut se flatter de vous voir ici.

J'ai des complimens à vous faire de votre petite folle, qui depuis votre depart n'a guères manqué l'occasion de se donner du ridicule.

Mad. de Kniphausen m'a chargé de vous faire ses complimens, parce qu'elle dit qu'elle ne vous écrit point. M. de Rottemburg arriva avant-hier, et va faire les delices de la cour.

La Reine ira à Schônhausen ce printems,

tems, et alors il sera de mauvais air d'
être à Berlin; écrivez-y-moi pourtant toujours, jusqu'a ce que je ne vous mande
autre chose.

Adieu, mon cher Algarotti, aimez-moi
toujours, je vous aime de tout mon coeur, et vous estime de tout mon esprit.

Il-y-a bien loin d'ici à Turin; ne
nous trouverons nous jamais réunis quelque
part, à vivre tranquiles et comme des gens
d'esprit comme nous devroient vivre?

IV.

De Berlin ce 18. may 1741.

Me voici de retour à Berlin, où j'ai trouvé trois lettres charmantes de vous: mais
je ne sais si elles m'ont consolé, ou si
elles ont augmenté ma peine; quand j'ai
comparé la vie que vous menez à celle
que j'ai menée depuis votre départ. Le
voyage de Laponie et d'Islande auroit été
des

des roses auprés de celui que j'ai fait à l'armée, où comme vous aurez su j'ai fini par être pris et envoyé à Vienne. *Di meliora ferant*. Je ne sais où vous êtes; si vous n'arrivez dans quelques jours, je n'aurai pas le plaisir de vous voir ici, parce que j'ai écrit ces jours passés au Roi pour le prier de trouver bon que je retourne en France, et que je n'attends que sa réponse pour partir. Menerons nous un jour là vie dont vous me parlez, et quand sera-ce? je suis bien persuadé comme vous que c'est ce qu'il y auroit de mieux à faire. Mais nous ne sommes pas assez sages: le déréglement de nos coeurs nous fait courir après des chimeres, et leur sacrifier ce qu'il-y-a de plus réel. Bien des complimens, je vous prie, à m. Zanotti; répondez-moi, et aimez-moi toujours; et faites moi savoir vos marches.

V.

De Francfort ce 10. *juin* 1741,

J'ai pensé mourir de chagrin lorsque j'ai vu que je ne vous avois manqué à Francfort que de quelques jours, moi. qui en tout tems aime tant à vous voir, et qui en avois tant de besoin dans l'occasion présente. Comme je ne saurois vous raconter mon histoire, je vous prie de la demander à m. de Valory qui en sait une partie, et qui ne vous la cachera pas dans une occasion où il est important pour moi que vous la sachiez.

Je ne vous parlerai donc point de la maniere humiliante dont j'ai suivi pendant trois semaines une armée où le Roi m'avoit fait venir, ni du chagrin que j'ai eu d'être pris faute de cheval, et de secours, ni de la misere que j'ai éprouvée pendant le tems que j'ai été prisonier; tout cela est trop mortifiant pour moi pour que je le puisse redire. Dès qu'après tant de ca-

ta-

tastrophes j'ai été de retour à Berlin, j'
écrivis au Roi pour le prier de trouver
bon que je retournasse en France, d'où
je serois toujours prêt à revenir à ses ordres. Il me l'a accordé, et je suis aussitôt
parti.

A peine avois-j'ecrit au Roi pour cela,
que j'appris avec la derniere surprise qu'on
m'avoit voulu faire un crime auprès de
lui de ce que j'avois demandé d'aller à
Vienne plutôt que dans quelque forteres-
se de Hongrie où l'on me conduisoit déjà
depuis plusieurs jours. Je ne sais si c'est
pour se justifier de la maniere dont on
m'a traité qu'on a pensé à me faire un
crime d'une chose aussi naturelle; mais
il me semble qu'il eut fallu que j'eusse
été fou pour vouloir m'exposer a demeurer plusieurs mois dans la derniere misere,
lorsque je pouvois esperer que dès que j'
arriverois à Vienne j'y trouverois des amis
et des secours, et y obtiendrois la liberté : et que je ne voyois pas qu'il put être
d'aucune importance pour le Roi que je
fusse à Vienne ou ailleurs. Dès que je sus
qu'après tout ce qui s'étoit passé, l'on
vou-

vouloit encore me faire tort dans .l'esprit
du Roi j'écrivis sur cela à m. Jordan qui
m'a répondu en ministre.

Voila, mon cher Algarotti, un abregé
de mon histoire. J'avois été apellé par le
Roi pour venir fonder une Académie;
j'ai demeuré dans sa cour pendant près
d'un an, pendant le quel j'ai toujours tâ-
ché de ne pas mériter qu'on m'avilit:
cela finit par être prostitué dans son armée, et pris par les houzards: et après
l'esperance d'un grand honneur je m'en
retourne en France chargé de ridicule et d'
avilissement. Pour comble de malheur le
tems où je pars est celui où vous arrivez,
et où je pouvois retrouver quelque agrément à Berlin ou à Breslaw. Je vous avoue
que je tremble déjà pour mon arrivée en
France où mes ennemis vont avoir bien de
quoi triompher. Je crois que je leur aban-
donnerai le champ de bataille, et me re-
tirerai dans le fond de ma province. Consolez-moi, conseillez-moi sur tout cela;
et aimez-moi toujours; votre amitié est le
seul bien qui me reste.

VI.

De Paris ce 28. juin 1741.

M E voici de retour dans ma patrie. Vous
aurez reçu la lettre que je vous écrivis en
passant à Francfort : et j'espere que m. de
Valory vous aura dit ce qu'il sait de
mon histoire. Vous connoissez d'ailleurs
trop mon caractere pour que je craigne
que la vérité vous échappe, de quelque
nuage qu'on veuille l'obscurcir.

Voila mad. du Châtelet au comble de ses
voeux : m. de Mairan secretaire de l'Académie a fait un ouvrage contre elle, au-
quel elle a répondu par un autre, dans le
quel elle a raison pour le fond et pour la
forme, et où elle traite Mairan avec tous
les genres de supériorité. Il n'y a rien
de si ridicule que cette aventure pour un
Secretaire de l'Académie.

Pour moi je vais travailler à l'impression de l'ouvrage que vous connoissez, et
à l'impression d'un autre qui est encore
tout

tout prêt . La nouveauté de mes idées
pourra m'attirer des critiques; mais je tâcherai de n'en pas faire des querelles ; et
j'aime mieux que les petits esprits demeu.
rent dans le scandale, que de prendre de la
peine pour les voir bien répondus et bien
réfutés. J'ai trouvé ici bien des gens qui
vous aiment, et avec qui j'aime bien à
parler de vous. Adieu, mon cher Algarotti, j'envoye cette lettre à m. de Valory pour vous la remettre dans l'incertitude où je suis si vous êtes à Breslaw ou
à Berlin.

Ma lettre étoit faite quand mad. d'Aiguillon a eu l'indiscrétion de me montrer votre réponse à une lettre qu'elle avoit eu
le tort de vous écrire. Je crois qu'elle s'
est mêlée fort mal à propos de mes affaires, et de vous les recommender d'une
maniere qui me choque fort : elle m'en
a même assez avoué pour me révolter. Si
j'avois quelque chose à vous demander ce
seroit de faire connoitre au Roi mon caractere. Quant à des récompenses je ne
m'en suis jamais proposé d'autre que celle
de lui être utile, et de contribuer à former

son

son Académie ; vous savez comme j'ai toujours pensé sur cela : Prenez donc garde, je vous prie, de laisser échapper un mot des bassesses que mad. la duchesse d'Aiguillon vous a proposées. Rien ne pouvoit me flatter en Prusse que les bonnes graces du Roi, l'etablissement de son Académie, et le plaisir de vous voir.

Restez-vous à Berlin, allez-vous en Silesie ; que devenez-vous ?

To: XVI.   N

VII.

De Paris 16. *juillet* 1741.

J'ai reçu votre lettre de Berlin du 1. juillet, mon cher Algarotti, qui m'a fait beaucoup de plaisir par toutes les marques d'amitié que vous m'y donnez. Ce seroit moi qui acheterois bien cher le plaisir de vous voir, et qui en aurois grand besoin; je ne puis oublier ce mauvais tour de la fortune qui nous a fait nous trouver sur une même route sans nous voir. Cela sera-t-il irreparable? et n'irez vous point dans quelque pays voisin de celui-ci servir un Roi qui a des affaires par tout? Je puis vous assurer que je ferois alors bien du chemin pour vous voir. Si vous pensiez encore à aller voir Koulican je serois surement votre compagnon de voyage.

Pour répondre à vos questions, j'ai été revu en France je crois avec plaisir; et ai été reçu des ministres avec beaucoup de marques d'estime et de bienveillance,

Ce-

Cependant cela n'a rien produit de réel,
et il n'a pas été question de me faire le
moindre avantage aprés m'avoir fait refuser une pension de 12. mille livres. Lorsque j'étois à Berlin on me pressoit de revenir, comme si j'avois eu de grandes choses à espérer. Tout cela s'évanouit, et
j'en suis pour le ridicule d'être allé et
d'être revenu. Mais je vous assure qu'
avant qu'il soit peu j'aurais pris mon parti, soit d'aller chercher le repos en me
retirant dans ma province, soit la distraction en entreprenant quelque grand voyage. Il n'a tenu qu'à moi plusieurs fois depuis mon retour du pôle d'avoir en Russie un établissement considerable, et bien
assuré; mais je me suis bien trompé dans
mon calcul.

Je vous l'ai déjà écrit, et je vous le
répete, car l'envie de me servir pourroit
vous induire en erreur, prenez garde, je
vous conjure, de dire un mot au Roi de
ce que je vois que mad. d'Aiguillon vous a
mandé au sùjet d'aucune récompense. Vous
savez comme j'ai toujours pensé sur la
fortune. Quand je serai tout a fait philo-

sophe, et que j'aurai renoncé à mes pensions de France, avec le peu de bien qui me restera, j'en aurai encore bien de reste. Donnez-vous donc bien de garde de penser sur cela comme la Duchesse : laissons les bassesses aux grands seigneurs. Vous le savez, je n'ai jamais souhaité de S. M. P. que ses bonnes graces, et je ne devois pas m'attendre qu'après tout ce que j'ai fait pour elle, et la cruelle aventure que j'ai essuyée à son service, elle feroit encore des plaisanteries sur cette aventure dans les vers qu'elle envoye à Voltaire. Adieu, mon cher Algarotti, ayez toujours de l'amitié pour moi.

J'ai reçu en partant une traduction de mon livre du cercle polaire en allemand, avec une dédicace pour sa Majesté Prussiene, faite par Kônig. Il me prioit de la présenter au Roi de sa part. J'en fis relier un volume que je laissai entre les mains de m. de Keyserling, qui se chargea de le présenter. Sachez, je vous prie, s'il l'a fait; et si vous allez en Silesie, chargez-vous-en pour ce pauvre Kônig, a qui cela pourra être utile, et qui malgré ses

pro-

procédés avec mad. du Chatelet, est un homme fort savant.

★◯★◯★◯★◯★◯★◯★◯★◯★◯★◯★◯★

VIII.

De Paris 15. *octobre* 1741.

Voila donc, mon cher Algarotti, tous nos grands projets évanouis; voilà même peut-être l'amitié que vous m'aviez jurée, oubliée : j'apprends que vous êtes à Venise, et vous n'avez pas daigné me dire un mot de vos changemens de lieu et de vues. Est-ce que nous ne nous reverrons plus? aimant autant que nous aimons l'un et l'autre à voyager? Je vais à S. Malo; si vous ne m'y faites pas savoir de vos nouvelles, je croirai pour ce coup que vous voulez rompre tout commerce avec moi. Si non il n'y aura plus que la mer entre nous: et si vous voulez, je suis prêt à partir pour aller avec vous voir Koulican. Comme nous devons un jour le

N 3   voir,

voir, je crois que le plutôt seroit le mieux : et que nous ne devons pas attendre
que les Georgiennes qu'il nous donnera,
soient des personnes inutiles. Je ne badine
point : voulez-vous faire quelque grand voyage? j'en ai bien envie. Dites-moi du-
moins ce que vous devenez. Voltaire est
à Berlin; je vois tous les jours notre com-
tesse et sa petite soeur aux promenades,
elles ne me parlent plus de vous, ni moi
à elles. Que leur en dirais-je? je n'en sais
rien.

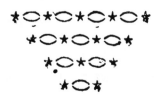

IX.

De Paris 13. *septembre* 1741.

Sɪ sa Majesté n'étoit qu'un Roi, n'étoit que le possesseur d'un vaste état, et le conquerant d'une province qui vaut un royaume, je ne sais, mon cher Algarotti; si je quitterois le repos que j'ai retrouvé dans ce pays-ci, pour l'aller voir. Je trouverois de tels rois dans l'histoire, et Koulican du moins pourroit satisfaire ma curiosité. Mais la personne du Roi est ce qui m'attache à lui; et l'honneur qu'il me fait de penser à moi, et le plaisir de vous revoir à sa cour m'auroient fait partir sur le champ si j'étois absolument libre. Vous savez que je suis à la tête de l'Académie, et que je ne puis la quitter sans des permissions, que je ne doute pas que je n'obtienne, mais qu'un mot que S. M. diroit à m. de Valory ou feroit dire ici par son ministre rendroit bien plus flatteuses pour moi. Vous me connoissez,

mon

mon cher ami, et savez combien je suis
éloigné de chercher à me faire valoir, sur-
tout dans une chose que je souhaite: mais
vous sentez aussi qu'après tout ce qui m'
est arrivé, je dois craindre de passer pour
un aventurier prêt à quitter trop legere-
ment son pays. Faites ma cour au Roi,
faites lui connoître mon caractere, faites
lui connoître les sentimens que vous m'avez
toujours vus pour lui, et qui redoublent
dans mon coeur à la moindre marque de
son souvenir. Je vous le répete, pour moi
un mot de la volonté du Roi me fera toujours courir au bout du monde; mais je
voudrois sur cela contenter nos ministres
et le public. J'écris à m. Jordan à qui je
n'ose en tant dire. Adieu, mon cher Algarotti, repondez-moi aussi promptement
que j'ai d'envie de vous revoir. *Qui mihi
te, Algarotte, dies dabit, hic mihi san-
ctus.*

X.

Berlin 1. janvier 1747.

Je ne vous aimerai pas plus cette année
que les autres, je ne vous souhaiterai pas
plus de prosperités, que je vous en souhaite depuis que j'ai eu le bonheur de
vous connoître. Pour moi il me faut re-
noncer à ma plus douce espérance, qui
étoit celle de vous voir à Dresden : un peu
de mieux m'avoit fait sortir avant-hier ; je
dinai avec le Roi dans une chambre bien
chaude, j'allai voir *Arminius* dans la loge
de la Reine, où il-y-a toujours bon feu :
me revoilà sur le grabat. Mais si je gueris
jamais, si ma malheureuse poitrine me permet d'entreprendre un voyage, ce sera surement pour vous aller voir, puisque je
ne puis pas me flatter de vous voir ici,
où surement le Roi et moi vous souhai-
tons beaucoup. J'aurois eu actuellement
l'avantage de faire la révérence à madame
la Dauphine, et de voir bien des personnes

nes que j'honore et que j'aime, mais aussi
cela m'auroit trop distrait. Ce n'est point
dans le tumulte des cours, ni dans la joye
des fêtes que je vous cherche.

Tu mihi curarum requies, tu nocte vel atra
Lumen, et in solis tu mihi turba locis;

Adieu, mon cher ami, mon coeur vous
en diroit bien davantage, mais ma tête et
ma poitrine n'en peuvent plus.

⭐◯⭐◯⭐◯⭐◯⭐◯⭐◯⭐◯⭐◯⭐◯⭐◯⭐◯⭐◯⭐

XI.

De Berlin 13. janvier.

J'ai reçu votre lettre, mon cher ami, et
suis desespéré des obstacles qui s'opposent
à notre entrevue, et à mon bonheur. Ce
n'étoit pas assez que l'un de nous fut malade, il falloit que nous le fussions l'un
et l'autre en même tems. Je vous assure
que pour moi c'est l'être doublement. Pardon, mon cher ami, si je ne vous ai pas
ré-

répondu, sur ce que vous me disiez que
vous travaillez sur mes ouvrages ; ils ne sau-
roient que beaucoup gagner à être touchés
par vos mains, et je reconnois en cela plutôt votre amitié que leur mérite. Tour-
nez-les donc embellissez-les, ils sont plus
à vous qu'à moi. Si vous voulez que je
jouisse par avance de voir ces pierres bru-
tes si bien mises en oeuvre, donnez ce que
vous avez traduit en français, à m. de Paul-
my, qui voudra bien se charger aussi du
livre de l'académie de Boulogne. Vous devriez bien venir ici avec lui. Tachez, mon
cher ami, de faire cela. Je suis sûr que
cela feroit beaucoup de plaisir au Roi, qui
a toujours les mêmes sentimens pour vous,
dépit à vos ennemis, et a moi la plus grande joie que je puisse avoir au monde. Je
travaille a un ouvrage plus sérieux que je
n'en ai jamais fait ; je serois charmé de
vous en communiquer les idées, que je
crois aussi justes que neuves. Si vous re-
fusez absolument de venir, dites-moi jusques
à quand vous comptez demeurer dans ces
régions hyperboréennes. Nous nous reflat-
tons depuis peu de revoir m. de Villiers ;

di-

dites-moi ce que vous en pensez. Adieu,
mon cher ami, ma main est bien mauvaise, mais j'aime mieux vous en écrire que
de celle d'un sécretaire.

★○★○★○★○★○★○★○★○★○★○★○★

XII.

De Potzdam 28. fevrier,

Il est vrai, mon cher ami, qu'il-y-a bien
longtems que je vous ai écrit : mais aux
dangers de la maladie ont succédé une foule d'infirmités et d'embarras, qui ne m'ont
point permis de gouter le plaisir de m'entretenir avec vous. Je n'ai reçu que d'hier
la lettre du 16. que m. Laurea m'a appor-
tée, mais qu'elle avoit laissée à Berlin. Je
ne me portois pas encore trop bien, lors
qu'un accident que le Roi eut, il-y-a quinze jours, ne me permit pas de rester tranquile à Berlin. Ce fut une crampe qui le
prit en jouant de la flûte, mais qui n'a
eu aucune suite, et sa Majesté se porte
main-

maintenant aussi bien qu'elle ait jamais fait. Je lui dis hier ce que vous me chargiez de lui dire ; il m'y parut fort sensible, et me demanda avec empressement si je croyois que vous viendriez ; je lui dis qu'oui, quoique je le souhaite plus que je ne m'en flatte après tant de délais. Je ne saurois vous dire le plaisir que j'en aurai, si cet heureux jour arrive : et si j'étois en meilleur état, j'irois au devant de vous jusqu'à Dresden. Mais il me semble depuis quelque tems que ma machine se détruit à vue d'oeil. Je ne mourrai pas cet hiver ; pas du moins de la poitrine ; mais d'autres accidens me menacent d'une ruine prochaine. Il m'est resté une oppression presque continuelle, des enflemens de jambe tous les soirs, et des grands seignemens de nez. Tout cela ne vaudroit rien à quelqu'un qui aimeroit la vie : mais tout cela n'est pas grande chose pour quelqu'un qui la voit pour ce qu'elle est. Je voudrois seulement vous voir avant que d'en sortir.

J'ai parcouru le livre que vous m'avez envoyé, et je vous avouerai qu'il ne me

pa-

paroit pas que ce fut la peine de l'attendre si longtems : quoique tout ce qui s'y est lu dans l'Institut n'y soit rapporté que par extraits, il me semble que les pieces doivent être bien superficielles : et quant aux raisons que donne m. Zanotti dans une espece de preface pour justifier ses confreres, de ce qu'on pourroit prendre pour paresse, elles me paroissent les plus impertinentes du monde : peu s'en faut qu'il ne méprise ceux qui donnent leurs ouvrages au public. Je vois, cher ami, qu'il n'y a plus ni de Lucreces, ni de Catulles, ni d'Algarotti en Italie. Adieu; écrivez moi donc souvent, je suis maintenant en état de vous répondre.

XIII.

De Berlin ce 15. *avril.*

Oh ! que j'ai été charmé, mon cher ami, lors que j'ai reçu votre lettre ! Je vous avois écrit bien des fois sans recevoir do réponse ; je ne savois plus ce que vous étiez devenu, et souhaitois infiniment de le savoir. On m'avoit assuré que vous n'étiez plus en Saxe, ni au service du Roi de Pologne. Soyez le bien retrouvé ; je ne saurois trop vous répeter la joie que j'en ai. Je ne saurois non plus croire que nous soyons si près l'un de l'autre sans nous voir : ce seroit pis que d'être au bout du monde. Mais vous savez les chaînes qui me retiennent ici, et combien on concevroit peu qu'un homme laissat sa femme à Berlin pour aller courir après un ami. Cela ne m'empêcheroit pas de le faire si je le pouvois ; mais cela n'est pas possible. Vous n'êtes pas dans le même cas : on retrouve une femme chagrine après une absence,

ce, vos maîtresses n'en sont que plus tendres: la mienne n'est pourtant encore que ma maîtresse. La Saxe est pour moi un pays inconnu, vous avez ici cent connoissances, cent amis: enfin 20. milles ne sont qu'une promenade pour vous, et si vous

le plus dur. Que n'aurai-je point à vous dire, mon cher Algarotti, et que n'aurai-je point à entendre, si j'ai le bonheur de vous revoir: oui; il faut absolument que que nous nous voyons. Le Roi venoit de partir pour Potzdam quand j'ai reçu votre lettre. Vous pouvez bien croire que j'ai conservé pour m. de Knipshausen et pour toute sa maison la même amitié que vous fîtes naitre lors que vous m'y menâtes: ce sont des gens qui seroient rares partout. On m'y a chargé de vous dire combien on vous-y-aime. Notre ami Keith n'a fait que rendre cette maison encore plus agréable. Je ne réponds point, mon cher ami, à tout ce que vous me dites qui flatteroit tant l'amour propre d'un autre: je sens que l'amitié vous fait vous tromper sur mon compte, mais j'aime mieux cette erreur;

que

que si tout ce que vous dites étoit vrai.
Vous avez fait trop d'honneur à ma *Comete* de penser à la traduire. Je vous l'en-
voyai sans lettre parceque je ne voulois
point être connu pour l'auteur. Malgré
cela je fus aussitôt découvert, et je voudrois que vous vissiez quelles critiques on
fit pleuvoir sur moi: on n'y épargna ni
l'ouvrage ni ma personne; et jusqu'à ma
perruque, tout fut tourné en ridicule.
Quand on a en France un ministre
pour ennemi, c'est un grand malheur;
mais quand c'est un ministre qui se pique
de bel esprit c'est bien pis pour ceux qui
en ont: et quand on a de certaines femmes entre-deux, tout est perdu. Voila
pourtant, puisque vous avez fait cas du *ne-
gre blanc*, une nouvelle édition de cet ouvrage, où l'on a joint une dissertation qui
n'étoit point dans la premiere. On a pris
dans l'une et dans l'autre la liberté de vous
voler le *Quæ legat ipsa Lycoris*. On a trouvé le mot si charmant, qu'on n'a pu rési-
ster à la tentation de s'en emparer. Adieu,
mon cher ami, que j'apellerois mon homme
illustre, si je ne faisois beaucoup plus de

To: XVI.   O   cas

cas du mot d'ami. Voyez comment nous pouvons nous voir ; il le faut absolument. Ma femme (je ne m'accoutume point à ce nom) vous fait mille remercimens ; je suis sûr que vous ne me blâmerez point lorsque vous la connoîtrez.

XIV.

De Potzdam 12. *may,*

J'ai reçu, mon cher ami, votre lettre que j'attendois avec bien de l'impatience, avec votre livre qui me fait bien desirer d'entendre l'Italien ; non pas pour savoir à quel point il est charmant, mais pour en gouter les charmes. Je n'ai pas douté qu'il ne fut digne *Jovis auribus,* et il l'a reçu avec empressement et avec plaisir. Je puis vous assurer qu'il ne tient qu'à vous de faire revivre, et de mettre en action tous les sentimens de sa Majesté à votre égard. Je ne vous cacherai point que bien des gens

ont

ont voulu vous nuire, et étoit-il possible
que cela fut autrement vû la situation où
vous étiez ici? mais ils seroient tous con-
fondus, si vous paroissiez. Le Roi qui a
fini si glorieusement ses grandes affaires,
cherche à jouir de son repos; et ne connoît
gueres d'autres plaisirs que ceux de l'esprit
et de la bonne compagnie: jamais homme
n'a été fait pour lui comme vous, et jamais homme n'a eu à en attendre de si
grandes choses. Il m'a fait ici un état dont
je suis très-content; il me donne trois mille écus, et peut-être m'auroit-il donné beaucoup plus, si j'avois voulu le lui demander: mais ce que je ne saurois apprécier
sont les bontés qu'il me témoigne, et les
agrêmens que je trouve à sa cour.

Il ne tient qu'à vous, mon cher ami;
d'y en trouver beaucoup davantage, et ils
redoubleroient les miens. L'intérêt de trois
personnes que j'aime presqu'également (le
Roi, vous, et moi) me fait parler: mais
je vous jure que si je ne croyois le votre
tout aussi grand ici, que le mien et celui
du Roi, je ne tâcherois pas de vous dé-
terminer · Songez sérieusement ce que c'est

que d'être l'ami d'un Roi, qui après avoir fait de si grandes choses dans la guerre, n'en fera pas de moins grandes dans la paix : songez à la gloire d'apporter au milieu d'une armée le gout. des sciences et des lettres, et de l'·y faire aimer : songez enfin au plaisir de trouver un ami qui vous aime autant que je vous aime.

J'espére donc que vous vous laisserez persuader : voici cependant ce que je vous conseille ; quisque vous n'avez pas voulu venir avec m. Villiers, je ne crois pas qu'il convint que vous vinssiez à Berlin, le Roi n'y étant point : il part demain pour les yaux de Permont, et je voudrois que vous arrivassiez ici le lendemain de son retour : je puis vous assurer que vous serez bien reçu . J'irai au-devant de vous jusqu'où vous voudrez : en tout cas après tout ce que vous avez fait pour le Roi, un voyage de vingt milles n'est pas une affaire.

Comme vous n'écrivez pas souvent il me fant prévoir jusqu'aux choses que je, crois peu possibles : si vous ne voulez absolument pás venir, il faut cependant que nous nous voyons ; et le Roi m'a permis de faire

pour

pour cela tous les voyages nécessaires. Dites-moi donc pour quel tems vous êtes à Dresden; si vous suivez la Cour en Pologne? Quand la Cour partira? afin que je m'arrange sur tout cela, et que je combine mon voyage avec l'arrivée de ma belle-mere que j'attends de Pomeranie.

Je voudrois avoir des *Vénus* à vous envoyer quoiqu'on vous puisse dire Vénus vous même: je n'en ai plus que deux éxemplaires, et je regarde un peu la demande que vous m'en faites comme un compliment ou comme un éloge éxageré par l'amitié. Adieu mon cher ami, réponse positive. *attamen ipse veni.*

Le Roi m'a chargé de vous dire qu'il seroit charmé de vous voir.

X.V.

De Potzdam 23. juin.

JE vous écrivis hier un mot en partant pour venir ici ; je partois à la hâte, et n'avois qu'un moment pour m'entretenir avec vous, que pourtant je ne voulus pas perdre. Je vous assure que je ne revois point ce bois de Potzdam où nous nous sommes promenés ensemble, sans ressentir un plaisir mêlé de tristesse, lors que je pense que je vous y ai vû et que je ne vous y vois plus. Je ne saurois cependant croire que je vous y aye vû pour la der-niere fois. Pour moi, si vous ne venez, je vous irai voir : mais ce ne sera qu'un nouveau chagrin pour moi de vous avoir vû, si je ne puis pas vivre avec vous. Il me semble que tout ce que j'ai quitté en France m'a fait moins de peine à quitter, que de vous savoir si près et de n'en pou-voir jouir. Je n'ai été dernierement à Ber-lin que quelques heures pendant les quel-

les

les je n'ai pu voir m. de Villiers: encore moins m. de Knipshausen qui est à sa campagne. C'est toujours la meilleure maison de Berlin malgré toutes les maisons brillantes ou clinquantes. J'ai pris hier congé de m. d'Erizzo; il doit être fort content, si non des personnes, du moins de l'accueil qu'on lui a fait; mais je crois impossible d'apprivoiser les Vénitiens à nos manieres Germaines. Nos esprits lui ont paru des bêtes: et nos beautés des statues mal proportionées qui n'ont pas le sens commun quand elles parlent. Pour nous venger nous l'avons trouvé un étourdi; mais moi qui prends les choses avec plus de froideur, je n'ai pu m'empêcher de lui trouver bien de l'esprit, et je l'aime fort.

Je crains que la *Venus* ne nous donne plus de peine qu'elle ne vaut, mais je sens tout le prix d'avoir un éditeur tel que vous; c'est plutôt mes sentimens qui méritent quelque chose de vous que mes ouvrages. Au reste je dois vous avertir en conscience que celui-ci a eu assez peu de succès à Paris: quoiqu'on en ait fait deux éditions en fort peu de tems; bien des

O 4   gens

gens l'ont trouvé fort mauvais; et les journaux en ont parlé assez mal. On me traite en France comme un proscrit, dont on
confisque les biens. L'autre jour Voltaire
avoit parlé de moi dans sa harangue à l'Académie Française : on lui a fait rayer ce
qu'il en avoit dit. Vous sentez bien que
Voltaire ne se brouillera jamais avec personne pour louer son ami. Tous les procédés de cette espece que j'essuye, au lieu
de me dégouter de l'amitié, me la rendent plus chere, lorsque je crois pouvoir
y compter; et que c'est l'amitié d'un homme tel que vous. Pour moi je vous ai juré
la mienne pour la vie.

XVI.

Del'Elbe 13. *septembre .*

Pardonnez, cher ami, si j'ai été si long tems sans vous écrire : le malheur qui m' est arrivé , et le chagrin dans le quel je suis plongé, ne m'ont point encore permis rien de doux ni de consolant. J'ai perdu le meilleur des peres, et je ne saurois vous dire à quel point je suis accablé de cette perte : j'ajoute à toutes les raisons que j'ai de le regretter, le reproche que je me fais de l'avoir quitté, et mille réflexions redoublent ma douleur. J'étois parti il y a deux mois sur la nouvelle de sa maladie ; lors que je suis arrivé, il n'étoit plus. Je n'ai fait qu'un fort court séjour à Paris , je me suis embarqué à Rouen, et compte arriver ce soir à Hambourg ; d'où je partirai aussitôt pour Potzdam. J'espere y apprendre de vos nouvelles. Si je puis avoir quelque consolation ce·seroit de vous revoir : vous devez ce voyage à un Roi qui

vous

vous aime; mais quand vous ne le lui devriez pas, vous me le devriez, et ne pourriez pas sans cruauté me le refuser dans
l'état où je suis. Instruisez-moi surtout de
votre situation et de vos intentions pour
moi : je crois toujours qu'il ne tient qu'à vous
de jouer un très grand rôle à nôtre Cour.

J'ai bien des graces à vous rendre de
ce que vous avez eu assez bonne opinion
de mon petit livre pour prendre soin de
la réimpression : je crois vous avoir déjà
prié de m'en envoyer quelques éxemplaires à Berlin. Je vous prie d'en faire relier quelques autres proprement, et d'en
présenter dans cette illustre Maison où l'on
me fait la grace de se souvenir de moi.
Si ce livre étoit digne des regards d'un
grand Roi, et que vous jugeassiez qu'on
peut oser prendre cette liberté, je vous
prierois de le présenter à sa Majesté et à
ceux qui l'approchent. Je laisse votre amitié et votre prudence maîtresses de tout
ce que vous jugerez à propos de faire sur
cela. Adieu : songez surtout que je ne puis
avoir de plus grand plaisir que de recevoir
de vos nouvelles.

XVII,

Berlin 1. octobre.

Enfin me voicy de retour à Berlin après un séjour à Potzdam que les bontés du Roi y ont prolongé. J'ai trouvé ici votre lettre qui m'a fait grand plaisir par l'esperance qu'elle me donne que je vous verrai : je puis mettre le besoin que j'en ai à côté du desir qu'en a le Roi. Si je pouvois vous rendre les termes dans les quels sa Majesté m'a parlé de vous, vous prendriez aussitôt la poste, à moins que vous ne soyez un ingrat. Je ne crois pas possible qu'on vous refuse la permission que vous avez demandée à Dresden, qui n'est que l'effet d'une délicatesse outrée de votre part. Ainsi, mon cher Algarotti, je me livre d'avance au plaisir ou du moins à la consolation que j'aurai de vous voir bientôt. Quand ce que vous devez à un Monarque qui vous aime, à un ami qui a soif de vous, ne vous hâteroient pas, le plaisir

de

de triompher de vos ennemis, et de dissi-
per des insectes, devroient être un motif
assez puissant : venez-donc. Pour moi, cher
ami, je ne saurois vous dire quelle est
l'envie que j'ai de vous voir, quel est le
besoin que j'en ai. Je ne puis sans vous
me relever de l'accablement où m'a mis
le coup affreux que j'ai reçu.

Vous ne saurez manquer de loger fort
près de nous : c'eut été chez-nous mêmes,
si notre voisin qui tient la meilleure auberge de Berlin, ne venoit d'acheter la
maison où nous sommes, et de prendre
déjà possession de l'appartement que je
vous avois destiné il y a 4 mois. J'aurai
donc le chagrin que vous le teniez de lui,
mais la consolation qu'il est fort près du
mien. Toute là maison Knipshausen, et
tous ceux qui sont dignes de vous connoître ont autant d'envie que le Roi de vous
revoir.

Encore une lettre avant votre arrivée.

XVIII.

Mardi 11.

Le cordon que je reçus hier m'est une assurance que vous avez reçu le votre : ce qu'a dit m. le comte de Podewils qu'il avoit ordre de vous expedier la patente de Chambellan acheve de me persuader que votre affaire est terminée : et la seule chose qui m'étonne c'est de ne le pas apprendre par vous. Enfin, cher ami, nous allons passer notre vie ou partie de notre vie ensemble ! c'est véritablement une des meilleures fortunes qui pussent m'arriver.

J'irai remercier le Roi samedi : je differe jusqu'à ce tems quoique les pieds me brûlent : mais je crois devoir assister à l'assemblée de l'Académie qui se tient jeudi, après des vacances de quelques semaines : et à un comité qui se tient vendredi pour les affaires économiques.

En attendant je me remets a vous pour faire connoître au Roi l'étendue de ma

re-

reconnoissance, et de mon zele. Adieu, mon cher Algarotti, vous aviez déjà la voix du cygne, vous en allez avoir la blancheur.

★○★○★○★○★○★○★○★○★○★○★○★

XIX.

Mercredi.

Je vous prie de mettre aux pieds du Roi ma reconnoissance pour toutes les bontés que sa Majesté a pour moi. Elle m'a envoyé son médecin, et il n'en falloit pas moins pour me faire faire des remedes: je vais en prendre de par le Roi; et m. Cothenius qui vient de me faire une belle ordonnance, m'a assuré qu'il ne me quitteroit point qu'il ne m'eut mis en latin une description de ma maladie, et de tout ce qu'il-y-a à faire pour en guérir. J'ai quelque chose de mieux que tout cela; c'est la tranquilité où je suis sur l'évenement, quoique les accidens soyent toujours

les

les mêmes, et que les forces diminuent tous les jours. Je suis curieux de voir si cette indifference ira jusqu'au bout ; et si je ne ferai pas beaucoup de cas de la vie lorsqu'il n'y en aura plus à esperer.

Je corrige mes lettres ; et en ajoute même une sur l'Astrologie, sur la quelle je ne suis pas encore bien battu. Elle fera bien rire les esprits forts.

Je serois charmé de vous voir ici ; mais je ne voudrois pas être la cause qui vous-y fit venir. Je voudrois aller moi-même à Potzdam, si mes forces, et celles du soleil le permettent.

On me lit le *Siecle de Louis XIV.* et c'est une lecture que je trouve délicieuse: Je suis fâché d'avoir à me plaindre de Voltaire, quand je lis de pareils ouvrages.

XX.

Ce dimanche 12.

JE vous remercie de l'intérêt que vous prenez à ma santé: elle ne se retablit point: et il n'y a plus gueres de jour que je ne crache du sang. Je n'en aurois pas grande inquiétude sans l'exemple de M. Tyrconnel, et avec cet exemple ne l'ai-je pas trop encore. Nous verrons ce que cela deviendra: il faut l'attendre paisiblement.

Je vous remercie de la lecture de la these que vous m'avez procurée ; mais vous me devez bien du retour pour celle que je vous ai fait lire. Cette derniere contenoit bien d'autres choses, et n'auroit peut-être pas scandalisé la Sorbonne. Quel diable au corps aussi faut-il avoir pour aller braver la théologie dans son sanctuaire? et perdre sa fortune et son repos pour le plaisir de rabascher ce qui est partout imprimé? Je comprends avec peine qu'un excès d'orgueil fait avancer des opinions

nou-

nouvelles et dangereuses; mais il faut être
fou pour rechauffer à son damne les opinions d'autrui. Je crois donc que l'abbé
de Prades n'est ni un philosophe, ni une
tête. Il n'y a rien de si commun que tout
ce qu'il dit: et il n'y a qu'en Sorbonne
que cela puisse paroître nouveau. La seule proposition que je croye véritablement
neuve, mais qui est tirée toute entiere du
Discours préliminaire de d'Alembert, c'est:
*Que c'est du sentiment d'oppression qu'é-
prouve du plus fort le plus foible, que nait
l'idée du juste et de l'injuste.* Mais cette
pensée pourroit encore être sujette à grande révision: et en tout cas ce n'est point
en Sorbone qu'il la faut porter. Je vois
dans l'abbé de Prades un homme médio-
cre, qui *quà lubet esse notus optat.* Mais
tout se passe si étrangement dans le meilleur des mondes possibles, que peut-être
cette these lui fera un grand nom et une
grande fortune.

J'arrange mes lettres, et je les ferai imprimer, quoiqu'elles ne meritent ni l'un ni
l'autre. Il n'y a rien aujourdhui de si facile que d'être philosophe, mais rien de

si difficile que de faire un livre qui ait du
succès, dès qu'on n'y attaque ni la Religion, ni les moeurs, ni le gouvernement,
Vale et me ama.

○○*○*○*○*○*○*○*○*○*○*

XXI.

Mereredi 16.

Malgré la bonne opinion que vous avez
de mes lettres, je suis encore dans l'irré-
solution sur leur publication. Outre l'incertitude du succès, je vous avoue que
malgré tous les soins que je me suis donné pour qu'il n'y eut rien qui put déplaire à personne, je crains un peu la Sorbonne dans un tems où elle paroit déchaînée.

Je ne saurois vous dire quand vous aurez votre 2me. tome de l'Encyclopédie. Il
me semble seulement qu'avant la saisie,
il a été mis en lieu de sureté; mais on
ne m'en parle qu'énigmatiquement, et
comme d'une affaire d'état. Je sais aussi

que

que l'abbé de Prades et l'abbé Yvon sont en Hollande, et ont envie de venir ici. L'on m'a écrit pour cela; mais je n'aime pas à me mêler de pareilles affaires.

Ce qu'il-y-a de sûr, c'est que l'Encyclopedie est au diable, ou du-moins reçoit un terrible échec. D'Alembert n'y veut pas remettre une ligne; et Diderot sera oté ou rebuté. Ce seroit un beau coup de filet que d'attirer ici toute la sociéte encyclopedique, avec leurs libraires et leurs presses: et de faire continuer cet ouvrage ici. Une telle colonie de refugiés de la philosophie réformée seroit plus utile que celle de la religion réformée. Je ne saurois croire pourtant qu'on anéantisse totalement cet ouvrage: mais je crois que les Jesuites s'en empareront; et c'est peut-être encore pis. Adieu: je suis.

XXII.

Samedi 18.

J'ai grand hônte de ne devoir qu'à ma maladie et a une espece de hazard, la connoissance de la *vie de Cicéron*. Cependant plus je l'étudie, plus je suis embarassé sur le jugement que j'en dois porter: et malgré l'apologie perpétuelle et le culte que Middleton lui rend, je soupçonne qu'il n'étoit ni si droit ni si ferme qu'il le fait. J'ai lu autrefois ses livres de philosophie; j'y trouve plus le grand orateur et le bel esprit, que l'esprit sublime, et l'esprit profond. Pour ses lettres ce sont des chefs-d'oeuvres, mais on croiroit que tous les Romains écrivoient ainsi: car dans le nombre de lettres de tous les differens Sénateurs, Consuls, Préteurs etc. que rapporte Middleton, il ne s'en trouve pas une qui ne soit fort supérieure à tout ce que nous avons de moderne en ce genre. Oh! jugez comme cela me donne envie de faire imprimer les mien-

miennes. Il est vrai que ce ne sont pas
proprement des lettres; mais si je les com-
pare à ce que Seneque a apellé des lettres,
j'y trouve le même decouragement. Cependant la Sorbonne me fait encore plus de
peur. Adieu; voici la lettre d'un malade,
c'est-à-dire d'un homme qui a du tems
de reste; et je ne pense pas que vous vous
portez trop bien pour vous la faire si longue.

★○★○★○★○★○★○★○★○★○★○★○★

XXIII.

Vendredi 25.

Votre lettre d'hier m'a fait grand plaisir, mais je n'ai pas de trop bonnes nouvelles à vous dire de ma santé: une nouvelle tempête s'est encore élevée dans ma
poitrine, et il m'a fallu saigner de nouveau: mais quoiqu'il ne me reste plus qu'
une goutte de sang dans les veines, comme disoit le chanoine de Gilblas, je sens

ce-

cependant que je ne m'en porte gueres mieux. Je ne saurois me résoudre à me remettre en nourrice, après avoir tant vu le bout des tettons ; je crois plus convenable de rentrer tout doucement dans le sein de ma mere. Quoiqu'il en soit je suis fort aise que Voltaire vive, et se porte mieux: il est ici plus utile que moi. J'ai lu son épître à cet imbecile Cardinal, qui est charmante. Quoiqu'on croye ici que le Roi, ni le Cardinal n'en seront contens. Quand vous viendrez, si sans vous embarasser, vous pouviez m'ammener mon chien Vacker, qui est chez Stolbec en pension, pour passer quelques jours avec moi, vous me feriez plaisir. *Vale et ama.*

XXIV.

Mercredi 18.

Ce que vous me dites que le Roi desa-
prouve mon départ, les raisons de bonté
que sa Majesté veut bien en alleguer, m'
ont décidé pour rester. Dieu sait ce qui
en arrivera; mais le mauvais tems et l'oppression plus forte que jamais, me confirment dans ma résolution. Je vous prie,
cher ami, de dire au Roi que dans cette
occasion, comme dans toutes les autres,
je me réglerai toujours sur sa volonté,
quand même il n'appeleroit que des con-
seils ce qui m'en parviendra. Soit donc;
mourons ici cet hiver, et n'allons point
au loin chercher la fortune qui vient nous
trouver dans notre lit.

Graces à Dieu ma philosophie me donne
un mépris proportioné aux offenses qu'on
veut me faire.

Je voudrois bien voir vos lettres; elles
rendroient les miennes meilleures; ou m'en

dé-

dégouteroient tout à fait. Je n'y avance
gueres : j'en ai tant d'autres à écrire, et
la pluspart si désagréables que j'employe
le tems qui me reste à caresser mes chiens
et mon perroquet, et cela vaut bien autre
chose. Est-ce en Français ou en Italien
que vous écrivez? Adieu : *Cupio dissolvi,
et esse tecum.*

★○★○★○★○★○★○★○★○★○★○★○★

X X V.

Samedi 27. septembre.

Je vous souhaite à Sagen tout le plaisir
dont vous avez besoin ; et ne doute pas
que vous l'y trouviez, faisant ce voyage en
si bonne compagnie. Vous pouvez me dire :

- - - - - - - - - - *mea gaudia narrat*
    Dicetur si quis, non habuisse sua.

Mais est-on dans la vie pour avoir du plaisir? Le sort de mad. du Chastelet étoit d'
être ridicule jusques dans sa mort : il est
                        aussi

aussi plaisant de mourir en couche à 45. ans, qu'il l'étoit de faire des livres dans sa jeunesse. *Requiescat in pace :* on dit qu'elle est morte comme une sainte; mad. de Verue mourut comme les philosophes de la Chine.

Darget est revenu plus malheureux que jamais : d'Argens va être malade pendant 18. jours. Pour moi je me porte toujours à votre service.

P. S. Présentez mes respects au Prince charmant avec qui vous voyagez; vous ammenez tous-deux ce qu'il-y-a de meilleur dans notre Académie, et bien ailleurs.

XXVI.

Dimanche 26.

Soyez le bien de retour, mon cher ami, et revenez nous bientôt après toutes vos absences.

Gratior et Regi, regia tecta petas.
Apportez-nous vos *dialogues*, s'il est possible, que j'ai tant d'envie de voir imprimés pour l'honneur et l'instruction du genre humain: et hâtez-vous de venir; car après demain expirent les 18. jours que le Marquis a demandé au Roi permission d'être malade; et vous sentez bien qu'au retour du soleil il ne fera pas bon pour les planetes. J'ai profité de vos absences du mieux que j'ai pu, et même d'une espece de bouderie de Pölnitz.

Je me suis remis à mon *astronomie nautique* que je ne puis ni finir ni abandonner: je ne désespere pourtant pas de la mettre en état. Adieu, mon cher Algarotti, venez, hâtez-vous, ne me faites point languir.

XXVII.

De Berlin 30. *may.*

J'ai reçu, cher ami, vos deux lettres du 11. et du 14. à mon retour ici, où je suis arrivé encore malade d'une dyssenterie cruelle qui m'a pensé tuer à Potzdam. Depuis huit jours je me porte beaucoup mieux, mais je n'ai point encore été à la cour. Il est vrai que les douleurs passées, cet état de convalescence n'est pas désagréable; je ne sors point de chez-moi, je n'y vois que ceux que j'aime; je cultive mon petit jardin, et fais couver mes poules: qu'est-ce qu'on peut faire de mieux dans la vie? ma compagnie est beaucoup meilleure que variée, je ne vois presque que les Dankelman, qui sont bien les meilleures personnes qui soyent au monde, en qui je trouve mille ressources, et que j'aime d'autant plus qu'elles sont véritablement de vos amis et que nous parlons souvent de vous ensemble. Elles ont pris un joli jardin sur la riviere à la porte de Stralaw, où j'espere

re que je passerai une partie de l'été, en
aussi bonne compagnie que si j'étois à l'hôtel d'Aiguillon. Je vois souvent aussi m.
de Valory que je crois certainement de vos
amis ; les Knipshausen ont demandé avec
avidité de vos nouvelles ; tout ce monde
me charge de vous faire mille amitiés, mais
Eléonore encore davantage.

Nous élisons ou proclamons m. le Cardinal à notre premiere assemblée particuliere de l'Académie. Quoique je ne sois
pas trop content de notre S. Pere le Pape,
qui n'a daigné répondre ni à mon présent,
ni à ma traduction, ni à ma confession :
pendant qu'il écrit à Voltaire, et lui envoye un Bref de félicitation sur sa tragédie de *Mahomet*. Si je n'étois ferme dans
mes principes, il-y-auroit de quoi se faire
luthérien : et raillerie à part, si vous trouvez quelqu'un à qui m'en plaindre, vous
me ferez plaisir de le faire.

Cela n'empêche pas que je ne souhaite que l'oeuvre de Dieu s'acheve, que je
ne sois charmé que vous y contribuiez,
et qu'un de nos académiciens ait une cha-
pelle dans l'Eglise qui se bâtit.

Nous

Nous ferons aujourd'hui notre assemblée publique pour l'avenement au Trône, et pour la publication du prix; m. Darget y lira la vie de Frederic I. et l'éloge de m. de Goltz.

Je ne vous dis point de nouvelles de la Cour, parce que je n'en sais point: le Roi doit retourner au commencement de mars à Potzdam, et s'établir à Monbijou pour y prendre les eaux. Je ne sais pas si je serai encore en état de le suivre; Adieu, cher ami, aimez-moi comme je vous aime, et m'écrivez souvent.

XXVIII.

Berlin ce 5. septembre 1754.

J'ai reçu, mon cher ami, votre lettre du 14. août, et j'ai été charmé d'apprendre de vos nouvelles, malgré ce que vous me dites que vous êtes à la campagne pour des raisons de santé. Pour moi je suis revenu de France entierement rétabli, et me portant aussi bien que j'aye jamais fait. Dieu veuille que cela continue pendant l'hiver où il me semble que nous entrons de bonne héure.

Vous faites bien de l'honneur à mes lettres de les lire, et de les commenter: avez-vous l'édition qu'on en a faite à Paris? Il·y·a quelques lettres de plus que dans celle de Walther, qui a abandonné mes ouvrages pour imprimer les libelles qu'on faisoit contre moi.

Je ne me souviens plus gueres de votre comte Roncalli, ni de ses ouvrages. J'en voudrois une note détaillée pour pouvoir le proposer à l'Académie.

L'ab-

L'abbé de la Caille est revenu ; il a fait des choses admirables ; observé plus de 9000. étoiles ; dressé un catalogue de 1930. visibles à la simple vue ; trouvé l'obliquité de l'Eclyptique de 23. 28. 21. mesuré un arc du Méridien de 1. 13. 17. $\frac{1}{3}$; et trouvé le degré au Cap de bonne Esperance de 57037. toises. Il résulte de là ou que la terre a ses deux hemispheres inégaux, ou qu'il-y-a des erreurs énormes dans le degré de la France : mais surement qu'il faut remesurer ce degré.

Toutes les autres mesures prises au Perou et en Laponie s'accordent fort bien avec celle du Cap ; et en supposant seulement une erreur de quinze toises sur le degré du Perou, et une de quarante trois toises sur chacun des deux autres de Laponie et du Cap, la terre seroit éxactement l'ellypsoide de Newton ; son diametre à son axe : 230. à 229. C'est un terrible homme que ce Newton.

J'ai ici votre 3. tome de l'Encyclopedie, comment voulez-vous que je vous l'envoye ? Adieu, mon cher ami, aimez-moi.

XXIX.

Basle 7. decembre 1758.

Je vous remercie et de votre lettre et de celle de m. l'evêque de Troyes qu'elle contenoit : c'est sans doute un excellent homme pour l'esprit et pour le coeur.

L'affaire de votre p. Frisio est faite, il est de l'académie. Malgré la pudeur qui devroit me retenir, j'ai écrit à ma femme de vous faire envoyer les jettons que vous demandez, si Georgi qui a le coin est encore à Berlin ; et si ce coin n'est ni cassé, ni transformé en moule pour faire des balles.

Je me suis avancé jusqu'ici pour aller à Berlin dans le tems que tout le monde en sortoit ; présentement qu'on-y-est tranquile, je suis pris ici par l'hiver ; et serai peut-être obligé d'y attendre une meilleure saison ; sur quoi le Roi me fait la grace de m'écrire de ne penser qu'à ma santé. Je serois bien mieux à Avignon ou dans bien d'autres endroits, mais au printems

je

je me trouverois bien éloigné de Berlin, et je suis excédé de voyages. Des contre-tems et des rechûtes continuelles depuis 2. ans m'ont empêché de faire le voyage d'Italie, pour le quel j'étois parti de St. Malo. Je tiendrai bon ici tant que je pourrai pour être plus à portée de Berlin dès que la saison me permettra de me mettre en route.

Je regrette comme vous m. le maréchal Keith pour le Roi, pour son Frere, et pour moi. Il a sans doute bien joué de malheur. Voila je l'espere la campagne finie; et notre-Monarque bien comblé de gloire. Plut à Dieu qu'il couronnat cette gloire par une bonne paix! mais comment la paix est elle possible? *Vale*. Après le Roi de Pologne, personne ne souffre tant de cette guerre que moi.

P. S. On m'écrit de Lyon qu'on traduit en Italie quelqu'un de mes ouvrages, sans savoir le quel, ni si c'est en bien ou en mal. Si cela étoit, je crois que vous le sauriez, et me le diriez.

XXX.

Bâle 12. *juin* 1759.

MON cher ami, j'ai reçu votre lettre du 21. et j'y aurois déjà répondu si une maladie fort sérieuse ne me retenoit au lit, et ne m'obligeoit d'emprunter la main de m. Bernoulli.

Il-y-a plus de 4. mois que ma femme a remis à m. de Dankelmann les médailles que vous demandez tant, et qui meritent si peu d'être demandées.

Je vous suis sensiblement obligé du soin que vous avez pris au sujet de la prétendue édition italienne de mes ouvrages: je savois déjà que c'étoit un *qui pro quo*, et qu'on avoit pris pour une traduction un recueil qu'on doit avoir fait de tout ce qui a rapport à la controverse sur mon *Essai de Philosophie morale*.

Clairaut a bien plus à s'applaudir, et à ne suivre en cela que l'applaudissement universel

versel d'avoir calculé et prédit avec tant
d'éxactitude le retour et le cours de la
Comete, qu'il n'a à faire amende honorable de l'erreur où il étoit tombé sur l'
apogée de la lune; erreur où il n'étoit pas
permis a tout le monde de tomber. Adieu
portez vous mieux que moi.

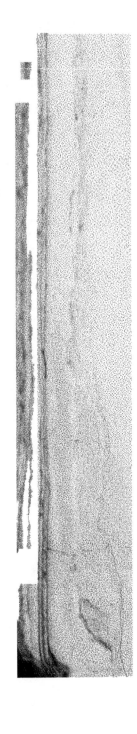

LETTERE
D' I
FORMEY.

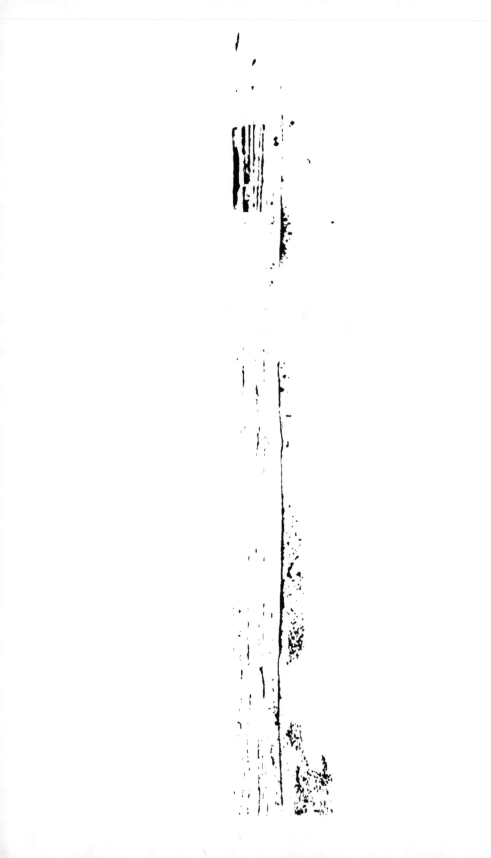

Viro illustr. et nobil. Comiti Algarotti

S. P. D.

SAMUEL FORMEY (1).

I.

MULTUM sane, et a longo jam tempore Tibi debeo, perillustris Comes, quod me favore tuo constanter prosequaris, consortio, colloquiis tuis digneris, pluraque proni tui erga me animi testimonia in me quasi cumulaveris.

Verum

(1) Samuelle Formey nacque a Berlino nel 1711, e vi morì agli 8 di Marzo del 1797. Si novera meritamente fra gli scrittori più illustri e più fecondi della Germania. Dotato di un' attività infaticabile, ricco delle cognizioni più svariate ed estese, fornito di un' eccellente memoria, egli seppe acconciamente far mostra di queste doti nelle molte opere

Q 4

da

Verum inter tot beneficia, quibus me in perpetuum tibi devinxisti, vix ullum est quod me pura ac vivida voluptate magis perfuderit quam Poematum tuorum comunicatio. Horatiani fontis non expalluisti haustus,

Fastidire lacus et rivos ausus apertos.

In-

da lui pubblicate, ove lo stile semplice ed elegante aggraziato dalla varietà e sceltezza degli anedoti s' accompagna alla sposizione delle verità le più astruse ed interessanti. Seguace della Filosofia di Wolfio egli s' accinse al difficile tentativo di tradurla ne' circoli e nelle conversazioni, rivestendola di forme aggradevoli e seducenti; come fatto aveano Fontenelle di quella di Cartesio, e Algarotti di quella di Newton. Nè il proggetto gli fallì: se dee giudicarsene dall' incontro che fece nel mondo letterario la sua opera intitolata *belle Wolfienne*, che dal 1741 al 53 diede in luce in sei volumi. Nè manco fè pompa di soda morale e di principj irreprensibili nel suo *Anti-Emilio*, dove il primo imprese a scoprire e a combattere gli errori del Filosofo Ginevrino. Non è

di

Inter quæ Poemata, Epistola illa qua de Poesi poeta scribis, præcipuum locum, meo judicio tenet. In hac plane assecutus es scopum, et poetæ, et omni scriptori propositum, ut scilicet, et delectares, et prodesses, utileque dulci misceres. Summo jure artis cœlestis abusum damnas, ac deploras, verumque ac unicum modum illius ad

splen-

di questo luogo il dare pur un cenno delle altre moltiplici sue opere, i soli titoli delle quali formano un ben ampio catalogo, che può leggersi in alcuni Giornali. Fu Secretario dell'Accademia delle Scienze di Berlino, posto che gli fu conferito fin dallo ristabilimento e riforma di quell'Accademia, e ch'ei tenne onorevolmente per lo spazio di 52 anni, cioè fino alla sua morte. Gli elogj degli accademici morti, e molte e molte memorie sparse ne'volumi di quella celebre collezione attestano abbastanza il suo zelo e la sua instancabile assiduità. Noi dobbiamo alla di lui gentilezza il dono delle lettere che gelosamente serbava del suo amico Algarotti, e ne dispiace che la morte invidiosa ci abbia tolto il piacere di potergliene pubblicamente attestare la nostra riconoscenza.

splendorem originis suæ reducendæ doces.
Sapientissimi inter antiquos qui de poeticis
quicquam elocuti sunt, primam quamdam
philosophiam poeticam esse asserunt, quæ
ab ineunte nos ætate ad vivendi rationes
adducit, quæ mores, quæ affectiones, quæ
res generosas cum jucunditate præcipiat.
Ennius, teste Cicerone, *Sanctos* appellat
poetas, quod quasi aliquo Deorum dono
atque munere commendati nobis esse videantur.

Hæc et tu canis, Castalidum cultor stu-
diose sororum; sed ita canis, ut quæ
sub notionibus vagis et confusis de præ-
stantia Poeseos ab aliis dicta fuerunt, re-
voces ad ideas distinctas, et extra omne
dubium ponas,

Versus inopes rerum, nugasque canoras,

nullius esse pretii, totumque artis poeticæ
momentum in eo consistere, ut veritates
attentione hominum dignas, et ad eorum
usum aptas, fortius instillet ac inculcet;
hocque pacto illos, et meliores, et felicio-
res reddat.

Sed

Sed etᵣ his alia subjungis, quæ ad Poeseos emendationem non minus conferrent,
cum scilicet contendis laudum dispensatio-
nem a poetis insulse et indecore fieri, ma-
ximumque inde in musas opprobrium re-
dundare. Et reverâ

Dignum laude virum musa vetat mori;
Cœlo musa beat.

Ast ignavi homines, ùbi encomiis splen-
didissimis ita a poetis extolluntur, ut opti-
mis et sapientissimis viris æquiparentur, fer-
vens exoritur indignatio, et carmina tunc,
tantum abest ut de cœlo venire videantur,
potius inter inventa noxia, resque generi
humano maxime exitiales reponenda viden-
tur. Sapientissime igitur, perillustris Comes, invehis in tales veneficos, Poesimque
ab impiis illorum manibus eripere volens,
genuinum ipsius usum in hoc etiam vindi-
cas; quod *nullum thus ab illa sit adolen-*
dum, juxta inclitissimi poetæ angli, im-
mortalis Pope, ingeniosum effatum, quod
tu eleganter hetrusce vertis; *nisi sit hoc*
thus, et suave terræ, et simul gratum
cœlo.

Quod

Quod genus encomii, si alicubi unquam

versibus quibus *Federicum II.* et *Benedictum XIV.* designas. Et revera quibus laudibus a laudatis viris efferendi non sunt, et Federicus, qui sustinens tot et tanta negotia solus, et eodem animo dicens quo bellavit, optimus Princeps, deliciæque generis humani merito salutatur; et Benedictus XIV. quo regnante revera dici potest: *Roma resurgit.*

Non obtusa adeo gestamus pectora Pœni,

ut tanti Pontificis nomen a nobis quoque non sit celebrandum, qui, quum sit imperio maximus, exemplo major est.

In quas orbis regiones Benedicti fama non penetravit, quibusque gentibus nomen ejus inauditum est? In hac serie tot Pontificum qui primam sedem Orbis Romano-Catholici occupaverunt, et inter illos qui infulæ, qua redimiti fuerunt, præcipuum splendorem conciliaverunt, eminebit semper ille Princeps atque Pater, quem subditi tanto cum amore colunt, quem externi
tanta

tanta cum admiratione venerantur. Nec possum temperare ardori quo jamdiu incendor, quin tenuem ac debilem meam vocem choro immisceam illorum, qui merita ejus indesinenter depraedicant; ac licet tanto oneri prorsus impar, cohibere me silentio nequeo, quo minus coner aliquid effari: ut inter tantos sonitus disertorum; aliquid, ut ita dicam, auribus tuis insusurrem, sine aemulandi fiducia, cupidus imitandi.

Verum unde ordiar, et ubi desinam? An repetam annos illos ante Pontificatum exactos, quibus jam immortalem sibi pepererat famam Cardinalis ille *Lambertinus*, qui intendens animum studiis et laboribus indefessis, ea ingenii ac doctrinae specimina ediderat, quae edax abolere non poterit vetustas? sic ihat vere ad astra, sic parabat sibi viam, et ad solium quod conscendit, et ad templum memoriae cujus parietibus affixum fulgebit ejus nomen, donec

Cum compage soluta
Saecula tot mundi suprema coegerit hora.

Uno

Uno confessi sunt ore , quicunque prima

his operibus , quæ et jam Pontifex Maximus , plurimis aliis insignibus auxit , nihil
plane eorum quæ eruditionem profundissi-
mam judicio limatissimo et rationi perspi-
cacissimæ conjunctam arguunt desiderari
posse . Quot genera scientiarum ac cogni-
tionum ad eximium opus de *Canonizatione
Sanctorum* ea perfectione qua pollet donan-
dum , amice inter se non conspiraverunt?
Quo acumine reconditissima physices , me-
dicinæ , astronomiæ , sublimiorumquæ do-
ctrinarum adyta non penetrat summus ille
scriptor, his dispellens facibus tenebras , quæ
verum cum falso confundunt , et anilibus
superstitionibus favent? Ne quis autem cre-
dat eruditionem obstare puritati sermonis,
doctrinam elegantiæ beatissima Latii tempora revocanti . Parum interest an audiatur Benedictus , aut

*Romani maximus Auctor.
Tullius eloquii .*

Hinc

Hinc ejus opera tam avide excepta sunt, ut sæpissime et splendidissime recusa extent; omniumque bibliothecarum apud seros nepotes præcipua et pretiosissima κημήλια futura sint.

Sed verba non minus suaviter ex magni istius Pontificis ore, quam ex ejus calamo fluunt:

Ille regit dictis animos, et pectora mulcet.

Quoties Quirites illum publice verba facientem audientes, primo siluerunt, arrectisque auribus adstiterunt, mox vero in exclamationes vehementissimas eruperunt iterum iterumque repetentes:

Τȣ καὶ ἀπὸ γλώσσης μέλιτος γλυκίον ρέεν αὐδή.

Suavitate morum majestatem mirifice temperat. Atticismo Græcorum ita urbanitatem Romanam jungit, ut illi jus civitatis æque competere Athenis ac Romæ constet. Plurima ejus effata pro apophtegmatibus recitantur; nihilque prorsus est quod in illo non ostendat nativam hanc animi corporisque bonitatem, quam Græci εὐφυΐαν dixere, aut igniculos illos divinos quos Plato

per

per ἀνακαινήσιν renovari statuebat. Hæc uno orè

potiuntur, et extranei, qui urbem, caput
orbis, attente contemplaturi, e dissitissi-
mis regionibus adveniunt, et inter miras
ac stupendas res, quibus est referta, nihil magis admirantur quam *Benedictum*.

A dictis vero, licet fons illorum sit inex-
haustus, ad facta progredior; nec minus
me illorum numero obrutum, ac splendore
perculsum sentio. Historiæ reliquenda est ho-
rum enarratio. Hæc imago absolutissima ve-
ritatis, quæ res neque majores, neque mino-
res reddit, posteros docebit quantus fuerit ille Pontifex, quem nostra tanto cum applausu
regnantem cernunt tempora. In commenta-
riis historicorum fuse legetur quod mihi di-
gito hic monstrare licet; Urbem ornatam ædi-
ficiis publicis, in quibus utilitas summa summo decori conjuncta est; fonte illo magnifico
qui Aquam Virginem olim ab Agrippa Ro-
manis datam superbe scaturientem præbet;
templo illo Sanctæ Mariæ Majoris, cujus
frons inter præcipua scientiæ architectoniæ
opera eminet, et innumeris aliis operibus
publicis, quæ *Benedicti* nomen benedictum

ctum, ejus munificentiam, pietatem, et omnes optimi Principis virtutes venturis ætatibus commendabunt. Adeatur imprimis Capitolium : Quot quasi bonarum artium tropæa in hac arce sub hoc pontificatu non sunt collocata ! Ubique exquisitissima artis pictoriæ, statuariæ, et antiquitatis monumenta; ubique oculi percelluntur, mens rapitur. Non satis fuit *Benedicto* Pium II. doctrina vicisse; Leonem X. Sixtum V. Gregorium XIII. bonarum artium amore superare voluit; superavit.

Nec Romam tantum perflat hæc aura vitalis : benignissimo ipsius halitu Bononiæ fovetur, totaque Italia eodem fœcunditatis principio germinat et revirescit . Bononia cujus ante pontificatum Præsul fuit summus iste Antistes, vivit et nunc sub ejus pastorali pedo, et tenerrimo ejus affectu quasi complexa, nova quotidie paterni ipsius amoris accipit documenta. Huc adsint, ad dicta mea comprobanda, et Basilicæ d. Petri frons magnifice extructa; et imprimis Seminarium illud in gratiam juniorum clericorum quasi denuo fundatum, reditibus instructum ; quodque longe magis præ-

To: XVI.   R   stat,

stat, ipsis sapientissimi Pontificis institu-
tionibus directum ac gubernatum.

Quis, quæso, his auditis et intellectis,
tam hebetis animi, tam duræ ac perfrictæ
frontis fiat, ut Benedictum ad gloriam et
felicitatem, et suorum subditorum, et
omnium hominum, vere natum esse dif-
fiteretur? Nec etiam quemquam inficias
ire, et veritati tanta evidentia coruscanti
obtrectare video. Nec varietas populorum,
linguarum, geniorum; nec ipsa quantum
vis acerba opinionum ac religionum dis-
sidia, impedire queunt, quominus chorus
honestorum et bonorum virorum ex omni
gente et comunione audiatur, Benedictum
sincero et infucato animo celebrans, lon-
gosque, ac prosperos dies indesinenter ipsi
apprecans.

Hæc omnia, quæ hactenus retuli, sunt
magna, præclara, et amplissimæ famæ
fundamenta inconcussa. Aliquid tamen de-
ficeret huic pro viribus exaratæ delineatio-
ni, si illius obliviscerer characteris, quem
Plinius Trajanum extollens iis expressit ver-
bis, quæ sensa mea multo felicius decla-
rabunt, ac ipsemet valerem » O vere Prin-
                        » cipis,

» cipis , atque etiam Patris (Plinius ait
» Consulis) reconciliare æmulas civitates ;
» tumentesque populos non imperio magis
» quam ratione compescere . . . . velo-
» cissimi sideris more omnia invisere, omnia
» audire , et undecunque invocatum statim,
» velut numen , adesse et adsistere . . . . .
» et instar refectionis existimare mutatio-
» nem laboris « .

At quo me tandem rapit zelus forsan
nimis ambitiosus ? Quæ nomina extollo !
Quas laudes consero ! An tali eget pane-
gyrista Benedictus XIV.! An mihi vix bal-
butienti convenit cœpta aggredi, quibus et
tu , nobilissime Algarotti , et inclitissimi
nostri Maupertuisius Voltariusque vix pares
se crederent? Ignosce, quæso, temeritati
meæ, vel potius sinceritati cordis, cujus in-
timi sensus non te latent , et quod æstuan-
tes, nec satis, fateor, in ordinem digestas
et rite perpolitas cogitationes in apricum
producere gestit . At tu, Algarotti, cujus
non ultima laus est principibus placuisse
viris, Poemata tua, quanquam non ode-
runt claves et grata sigilla pudicis longum
diffunde in ævum, et nomina maxima ita

in-

inclarescant versibus, ut reconditiores in.
claruerunt philosophicæ doctrinæ iis scri-
ptis, quibus te non minus Minervæ quam
Apollini amicum, et perpetuo Gratiis litas-
se comprobasti. Vale, o et præsidium, et
dulce decus meum. *Dabam ex Musæo meo
d. 12 Novembris MDCCLIII,*

DEL CONTE

ALGAROTTI

II.

a Boulogne le 27 Octobre 1756.

Il-y-a long tems que j'aurois dû vous écrire. Ce n'est pas pour vous apprendre l'estime infinie qu'on a de votre savoir dans une ville savante comme Boulogne. Ceci ne doit pas être nouveau pour vous. J'aurois dû plutôt vous écrire pour vous mander que monsieur Zanotti Secrétaire de l'Académie vous enverra tous les volumes que vous souhaitez d'avoir. Donnez lui seulement une adresse et dites le moyen de vous les faire tenir. Il va paroître dans peu un nouveau volume, qu'il joindra à ceux qui pourroient vous manquer. On travaille beaucoup ici aux experiences de monsieur Haller; elles réussissent aux uns et ne réussissent pas aux autres. J'ai vu opérer les uns et les autres; et je crus

conclure que ceux à qui elles ne réussissent pas ne sont pas les plus adroits.
On va imprimer tout cela. On voudroit
savoir si un mémoire que monsieur le
Cat a envoyé à notre Académie de Berlin sur ce sujet a été imprimé a part;
car on ne le trouve pas dans ses mémoires. Si ce mémoire n'est pas imprimé, ne
pourroit on pas l'avoir pour l'imprimer
ici? Je me suis extrêmement intéressé à cela. Il me suffit d'avoir une réponse quelconque a donner à ceux qui m'ont prié
de m'informer de ce mémoire. Je vous
renouvelle bien mes priéres pour avoir les
copies des lettres du cardinal Querini. Mlle.
Dankelmann à qui vous voudrez bien les remettre payera ce qu'il faut pour les copies
qu'il en faudra faire. Le parti que notre Roi
a pris est digne de Cesar et l'exécution
en est de même. Le succés ne sauroit manquer de couronner des entreprises faites
avec tant de justice et commenceés par
de si belles mesures. Honoréz moi de vos
ordres et croyez que j'ai l'honneur d'
être avec les sentimens de l'estime la plus
parfaite.

D I

F O R M E Y

III.

Berlin le 15 Octobre 1756.

C'est moi qui vous dois des excuses de ne m'être pas acquitté plutôt de la commission que vous m'aviez donnée au sujet des lettres que feu s. emin. le cardinal Querini m'a écrites. J'ai été extrêmement occupé depuis quelque tems, et je voulois les copier moi-même; mais j'y trouve quelque difficulté, et je serai obligé d'employer un copiste qui possede l'Italien mieux que moi. J'espere qu'avant la fin de l'année j'aurai l'honneur de vous les faire parvenir.

Le mémoire de mr. le Cat sur les nerfs et l'irritabilité a été imprimé à Berlin, comme ayant remporté l'un des prix de notre Académie; Il ne se trouve pas dans les Mémoires, mais dans les Recueils que

R 4 nous

nous imprimons annullement des piéces victorieuses et de celles qui ont concouru. J'
aurai l'honneur de vous le fournir, en
le joignant à un envòi que je vais faire
à s. emin. m. le cardinal Passionei. La
correspondance de ce Cardinal est infiniment agréable pour moi, et me dedomma-
ge bien de la perte de celle du cardinal
Querini.

Je suis infiniment sensible aux bontés
dont on m'honore à Boulogne, et à l'in-
tention obligeante qu'a monsieur *Zanotti* de
me procurer les volumes qui me manquent
des Mémoires de l'Institut de Boulogne.
Le seul que je possede est le troisieme de
l'année 1755. Quand le quatrieme paroîtra, si monsieur Zanotti veut bien me l'
envoyer in *duplo*, un pour mr. de Mau-
pertius, et l'autre pour moi, et y joindre
les deux premiers qui completeront mon
exemplaire, je lui en aurai une obligation
infinie. J'ai reçu les jours passés, vos deux
charmans *Essais* sur la Peinture et la Sculpture; ils ont fait un plaisir infini à tous
ceux a qui je les ai communiqués, et en
particulier à notre académicien. Sulzer,
qui

qui s'applique aux matieres de gout. Je voudrois bien en procurer une bonne traduc-
ction françoise que je ferois aussitôt imprimer, mais je ne trouve personne qui
me paroisse assez fort pour cela, et je ne
suis pas assez versé dans la langue Italienne pour l'entreprendre moi-meme.

Nous vivons dans une crise bien singuliere, et dans une époque féconde en grands
evénemens. La victoire accompagne toujours
les pas de notre grand Monarque, et j'éspere qu'elle lui demeurera fidelle. Au moment où j'écris, on n'a point encore de
nouvelles de la reddition des Saxons retran-
chés dans leur camp.

J'ai été ces jours-ci voir les merveil-
les de Sans-Souci qui vont tous les jours
en croissant. J'y ai trouvé le marquis d'
Argens qui y demeure en l'absence du
Roi, et nous avons jasé deux heures ensemble. Il est venu cette semaine à Berlin, et en a passé deux autres au coin de
mon feu. Le voilà demeuré le seul tenant
de l'anciennne Cour d'Apollon. Mr. de
Maupertuis est actuellement a S. Malo,
où il passera l'hyver.

Rien

Rien ne peut égaler l'attachement respectueux avec le quel je ne cesserai jamais
d'être.

✦○✦○✦○✦○✦○✦○✦○✦○✦○✦○✦○✦

DEL CONTE

ALGAROTTI

IV.

à Boulogne le 6 Novembre 1756.

C'est avec le plus grand plaisir que j'
ai recu votre lettre du 15, du mois passé.
Vous aurez donc la bontè, Monsieur, de
consigner à mlle. de Dankelman les lettres du cardinal Querini et elle payera ce
qu'il faut pour les fraix des copies.

Je vous suis bien obligé, Monsieur, de
la piéce de mr. le Cat que vous voulez
bien m'envoyer. Elle est attendue ici avec
grande impatience. On a fait beaucoup d'
expériences à Boulogne sur l'insensibilité

de

de mr. Haller. Jl y a pour et contre.
J'ai assisté à plusieurs. Celui qui m'a con‑
tenté le plus est mr. Caldani; habile homm‑
me et qui a beaucoup de dextérité. Il
est tout a fait Hallérien. Je crois que vous
l'êtes aussi à Berlin; quoique je ne sache
pas qu'on y ait fait les experiences de
mr. Haller avec l'appareil qu'on a fait en
Italie.

Le quatriéme volume de l'Académie
d'ici paroîtra dans deux ou trois mois. D'
abord qu'il aura paru on vous l'enverra
en duplo et on y joindra les deux au‑
tres qui vous manquent. Pour les deux
derniers volumes de notre Académie que
vous voulez bien me faire avoir, faites les
tenir à mlle. de Dankelmann.

Nous avons reçu les grandes nouvelles
de Saxe. César en Espagne a moins fait.
Il n'avoit qu'Affranius et Petrejus à com‑
battre, qu'il a voulu avoir à discrétion.
Notre Roi avoit les Saxons et les Autri‑
chiens tous ensemble sur les bras et en
est venu a bout avec une gloire infinie.

Je vous prie, Monsieur, de vouloir bien
faire mes complimens au marquis d'Argens
et

et à la marquise aussi. Pour notre Pré-

lo, et vous ne le verrez probablement pas de l'hiver.

J'ai l'honneur d'être avec tous les sen-timens de l'estime la plus parfaite.

✦○✦○✦○✦○✦○✦○✦○✦○✦○✦○✦○✦

DI

FORMEY

V.

Berlin le 5 Juin 1758.

J'ai de trés humbles graces à vous rendre de la bonté que vous avez eue de me fai-re expedier le ballot des livres qui contenoit les Mémoires de l'Institut, et divers au-tres ouvrages, mais surtout les vôtres, Monsieur, dont je ne saurois assez vous témoigner ma reconnoissance. Ils m'ont inspiré une forte envie d'augmenter la foi-

ble

ble connoissance que j'ai deja de la langue Italienne, et de la porter au point de traduire les divers Essais qui se trouvent dans votre second volume. Je veux dehuter par celui qui concerne l'Artillerie, et en faire faire une petite édition séparée pour le soumettre à votre jugement, et essayer le gout du public, non sur l'auteur, (il est bien décidé) mais sur le traducteur,

Vous aurez reçu sans doute reciproquement, Monsieur, les bagatelles que j'ai pris la libertè de vous envoyer. J'ai aussi fait remettre chez Mr. Splitgerber les trois derniers volumes des Mémoires de notre Académie, et on m'a promis qu'ils vous parviendront. A present je vous obéis en vous présentant le discours que je fis à l'Académie en janvier, et j'y joins celui que je viens de faire *novissime*. Je serai bien flatté, s'ils obtiennent votre approbation : s'ils ont quelque mérite, ils ne peuvent le tirer que de la fidélité avec la quelle j'y exprime mes idées et mes sentimens.

Les billets ci joints de mr. Euler vous feront voir, Monsieur, que je lui ai demandé dé successivement les divers éclaircissemens que vous souhaitiez de sa part.

Je ne crois pas que nous revoyons mr. de Maupertuis cette année : ou s'il fait un effort, j'ai peur que cela ne le mette entierement aux abois.

Oserois-je vous prier, Monsieur, de faire savoir au p. Frisio, que je salue trés humblement, que la piece dont il m'a envoyé la devise, n'a point été remise à l' 'Académie. Mais il demeure à tems de concourir pour le prix qui vient d'être renvoyé à l'année 1760.

Nous attendons tous les jours des nouvelles importantes de Moravie : quelques lueurs de paix qu'on avoit entrevues, se sont evanouies : ce présent du Ciel seroit pourtant bien nécessaire à nos contrées.

J'ai l'honneur d'être avec un devouement respectueux et inviolable.

DEL CONTE

ALGAROTTI

VI.

à Boulogne le 19 Juillet 1758.

Je fais réponse à deux de vos lettres qui quoique sous des dates différentes me sont parvenues presqu'en même tems. En premier lieu je vous fais les plus humbles remercimens de ce que vous voulez bien traduire mon *essai sur l'Artillérie.* C'est le cas ou l'auteur doit être à genou devant son traducteur, comme écrivoit Fontenelle au cardinal Albani qui avoit traduit ses mondes. Mais les mondes furent défigurés en Italien, et vous préterez à mon Artillerie une force, qu'elle n'a pas. J'ai lu vos discours et vos consolations avec le plus grand plaisir, et je les ai fait lire à ceux qui en étoient dignes et ils m'on ont marqué leur reconnoissance. Votre préface aux *essays* de mr. Hume est admirable ;

ble. Donnez moi, s'il vous plait, la clef du roman de Rousseau *La Reine Fantasque*, qui me paroit être écrit très joliment. Je le demande au cas qu'il y ait la dedans quelque allusion particuliére.

Votre paquet pour le cardinal Passionei est parti, et je vous remercie des mémoires de l'Académie que vous avez bien voulu remettre à mr. Splitgerber.

Je remercie aussi mr. Euler des réponses qu'il m'a faites, que j'ai trouvées dans un billet qui étoit dans l'une de vos lettres.

Oserois-je vous prier d'une nouvelle grace? Je souhaiterois vivement que mr. Eustachio Zanotti, astronome de l'institut de Boulogne et qui a donné de fort beaux mémoires dans les commentaires de l'Académie, fut aggrégé à la *Société royale de Londres*.

Vous correspondez surement mr. avec son sécrétaire qui sera charmé de vous obliger en aggregeant à la société un sujet qui lui fera honneur tel que mr. Zanotti. Vous voudrez bien m'honorer d'un petit mot d'avis quand la chose sera faite. Entre autres

trés mérites mr. Zanotti a celui de calculer dans ses Éphémérides les mouvemens
de la lune selon les principes du grand
Newton.

Je vous fais compliment, Monsieur, sur
l'accroissement de votre famille. Vous vous
préchez comme un valetudinaire et vous
faites tous les jours des enfans. Ne faites
vous pas un peu comme Sénêque?

J'ai fait savoir au p. Frisio ce que vous
me; mandez il en est trés charmé. Vous savez que nous avons un Pape qui n'est pas
savant, mais qui protégera je crois les
lettres.

Dieu veuille accomplir bientôt vos souhaits et vos voeux éloquents et nous donner une paix glorieuse et durable.

J'ai l'honneur d'être avec toute l'estime et la reconnoissance imaginable, monsieur etc.

DEL MEDESIMO

VII.

Votre lettre du 25 Juin m'a été envoyée à Venise par mr. Grosley; Il a été ici pendant que j'étois à la campagne. Je n'ai pas eu le plaisir de le voir et lui marquer combien je suis attaché par la plus haute estime et par la plus tendre amitié a celui qui me le recommandoit. Je viens de recevoir la plus obligeante lettre du monde de votre ami le card. Passionei à qui j'ai envoyé votre paquet. Votre livre *sur les Valétudinaires* court la ville depuis trois semaines. Tout le monde se l'arrache; tout le monde le dévore. La préface que vous avez mise au devant des *essays* de mr. Hume est admirable. Je vous remercie du plaisir que vous m'avez fait et de celui que vous faites à toute Boulogne. Que vous dirai-je encore du dessein obligeant que vous avez de rendre en François

çois mon *essai sur l'Artillerie*. Vous êtes un homme admirable et bien rare, de faire face et si bien à toute sorte de littérature. M'avez vous fait l'honneur d'annoncer mon livre dans vos Journaux? Je vous en serai extrêmement obligé. J'ai remercié de votre part mr. Zanotti par rapport aux commentaires de l'Académie qu'il vous a envoyés. Il y a été fort sensible. Voici un petit billet pour mr. Euler. Vous voudrez bien m'envoyer la réponse. J'ai été bien sensible à la perte qu'a fait l'état dans la personne de mons. le **Pr.** de Prusse. La belle retraite que vient de faire le Roi! Je suis bien seur que la campagne ne finira sans d'autres chefs-d'oeuvre d'un autre genre. Il vous fournira bien de matiére pour le mois de Janvier prochain. Je plains le pauvre Maupertuis. Honorez-moi de vos ordres et comptez que je vous aime et vous honore au delà de toute expression.
Vale et ut facis ama.

DI

FORMEY

VIII.

Berlin le 8 Septembre 1758.

J'ai sous les yeux les deux dernieres lettres dont vous m'avez honoré, du 19 Juillet et du 15 août, remplies l'une et l'
autre des témoignages de cette bienveillance que vous voulez bien me continuer,
et dont j'ose me croire digne par les sentimens réciproques et inviolables que je
conserverai toute ma vie pour vous. L'accueil que vous daignez faire à mes foibles
productions est un pur effet de votre bonté ; et si elles sont honorées du suffrage
de vos amis et compatriotes, je ne puis
l'attribuer qu'à la même cause. Cependant
de semblables approbations feront toujours
pour moi le plus puissant des encoura.
gemens à faire mes foibles efforts pour n'
être

être pas tout à fait un poids inutile de la terre.

Je ne crois pas qu'il y ait de clef particuliere à la *Reine fantasque*; mais ce qui y perce par tout, c'est l'esprit de singularité, la démangeaison de fronder les usages reçus, et l'irreverence pour les choses sacrées.

J'ai écrit à mr. Birch, Sécrétaire de la Société Royale de Londres, pour lui recommander l'élection de mr. Zanotti. Je me flatte que la Société Royale de Londres ne balancera pas à faire une aussi bonne acquisition, et je me féliciterai d'y avoir contribué. Dés que j'aurai quelqu'avis là dessus, je ne manquerai pas, monsieur, de vous le communiquer.

Je vous renvoie le billet adressé à mr. Euler avec sa réponse, qui vous fera sans doute rire d'aussi bon coeur que j'en ai ri. Il est vrai que ces vilains Russes nous ont donné la plus chaude allarme que nous ayons encore eu; et si, comme ils le vouloient et s'en vantoient hautement, ils avoient pris et pillé notre capitale, c'est un échec dont nous ne nous serions

S 3 jamais

jamais relevés. Notre Jupiter tonnant les a foudroyés ; et il s'en est fait un horrible carnage. Mais il nous reste encore bien des ennemis. La Lusace pourroit bien fournir aux premiers jours un nouveau champ de bataille. Quel acharnement des hommes à s'entre-détruire !

Mr. de Maupertuis doit être à Neufchatel, indécis s'il reviendra passer l'hyver à Berlin. Il doit trouver la somme des maux bien augmentée, et son existence $=$ o. Pour moi je tâche de calculer un peu autrement ; et en mettant l'espérance dans un des bassins de la balance, j'obtiens à peu prés l'équilibre.

J'ai l'honneur d'être avec un dévouement inviolable,

ALGAROTTI

IX.

à Boulogne le 23 Octobre 1758.

Par le canal du card. Passionei je viens de recevoir votre lettre, monsieur, du 8 Septembre.

Je ferai d'abod tenir au p. Frisio le billet de mr. Euler. Il m'a fait rire aussi, mais je crois qu'il a toutes les raisons du monde d'avoir écrit de la sorte.

Je vous fais, monsieur, les plus grands remercimens de l'intérêt que vous avez pris dans l'affaire que je vous ai recommandée. Je ne doute pas que mr. Birch notre confrére ne saisisse cette occasion d'ajouter à nos confréres dans la société de Londres un nom qui lui fera assurément honneur. Mr. Bianchi de Rimini m'écrit avoir été reçu dans la notre de Berlin. Je vous prie

S 4   dès

dès que le président sera de retour de ne
pas oublier le p. Frisio qui y a un droit
bien acquis, ayant remporté un de nos
prix. Je vois que vous l'attendez au premier jour, aussi cette décision ne devroit
guères tarder. Vous calculez en fait de
morale bien mieux ce me semble que les
géométres. Je me tient à votre calcul et
mets l'espérance entre les biens réels.

Je viens de recevoir une lettre de lui
datée de Neuchatel le 9 de ce mois. Il me
mande qu'il alloit partir pour Bâle, et
essayer de se rendre a Berlin. Il craignoit
pourtant que son dessein put s'effectuer
attendu l'état de sa santé qui ne lui per-
mettoit pas de savoir 8 jours d'avance ce qu'
il pourroit faire. Son état réellement fait
pitié.

J'ai bien félicité le Roi dès le 12 du
mois passé de la grande victoire, qu'il a
remporté contre un ennemi qui a augmenté sa gloire par la resistence qu'il a faite.
C'est bien Jupiter tonnant, comme vous dites, qui a foudroyé les Géants.

Dans le même tems que j'admire notre
Aros, je vous lis et vous admire aussi.

On

On ne sauroit écrire avec plus d'élégance, de fàcilité, de savoir, et d'esprit. Voila les empreintes de votre stile. Continuez, monsieur, à nous éclairer et à nous instruire.

J'espere que votre lettre à Briaçon aura fait son effet touchant les deux derniers volumes de l'Encyclopedie qui me manquent. On m'écrit que le 8 ne paroîtra que dans un an, et que mr. d'Alembert est fort dégouté du travail. Ce seroit un grand dommage si un tel ouvrage devenoit imparfait. Je ne saurois le croire. Adieu, monsieur, aimez un homme qui vous aime et vous estime au delà de toute expression et croyez que jai l'honnenr d'être etc.

DI

FORMEY.

X.

Berlin le 17 *Novembre* 1858.

Vous aviez eu une lettre de m. de Maupertuis du 9 Octobre, et moi une du 12. Jl m'y représentoit sa sante dans un grand désordre, et paroissoit pourtant tourmenté du desir de regagner Berlin. Je crois que les nouvelles du 14 ont rallenti sa marche. Il s'est cependant rendu à Bâle; et l'on mande de là qu'il ne paroit pas fort malade. Selon toutes les apparences il y passera l'hyver, et c'est au fond ce qu'il auroit de mieux à faire: Berlin ne pouvant à mon avis lui offrir rien de fort récréant, au moins vu sa façon d'envisager les objets. Les nouvelles susdites du 14 n'étoient pourtant pas à beaucoup près aussi terrassantes qu'elles l'ont paru, et qu'on a affecté de les représentér dans les gazettes. Les suites
tes

tes prouvent évidemment le contraire ; et
nous venons de chanter un *Te Deum* pour
la délivrance de Neiss à la barbe de tous
ces ennemis prétendus victorieux, qui devoient nous écraser. Les Russes continuent à s'
éloigner , et les Suédois , aux contributions
près par lesquelles ils minent le pays ; de-
meurent dans une inertie surprénante. On
peut dire que la fusée est toujours bien ,
embrouillée, et que Dieu seul sait comment
elle se demêlera.

J'ai réiteré à Londres la recommanda-
tion de mr. Zanotti , et je me persuade
que ce ne sera pas sans effet. Dès que j'
en aurai avis , je ne tarderai pas à vous
le communiquer ; et je serai charmé de
la réussite d'une chose à la quelle vous
prenez un vif intérêt. Pour le p. Frisio,
le voilà expédié ; et j'ai cru vous faire
plaisir , monsieur, en vous adressant son
diplome , qu'il recevra de votre part avec
une double satisfaction. Me trouvant sous
la main une brochure que le Ministre vient
de faire publier sur la bataille de Zorndorf, j'ai cru , monsieur, que vous ne
seriez pas fâché de la lire. Enfin, j'écris
tout

tout d'un tems à notre nouveau confrere mr. Bianchi, et vous voudrez bien lui faire parvenir la lettre.

J'ai envoyé deux extraits de vos Oeuvres au *Journal Encyclopédique:* quand ils auront paru, je vous indiquerai les parties où ils se trouvent. Pour l'*Essai sur l'Artillerie*, je ne me suis pas trouvé assez fort dans la langue Italienne, lorsque j'ai voulu mettre la main à l'oeuvre; et pour ne pas renouveller l'attentat de mr. Duperron de Càstera, je n'ai pas osé risquer de traduire des ecrits si dignes d'être fidellement rendus.

Nous avons des nouveautés intéressantes; les principales sont, 1 L'ouvrage de mr. Helvetius, que je regarde comme une production avortée, malgré tout ce qu'elle contient d'original et d'attachant. L'auteur n'a pas, selon moi, les reins assez forts pour être profès dans l'ordre des mécréans. Les conversations qu'il a eues avec mr. de Fontenelle, la lecture de l'Histoire crit. de la Phil. de Deslandes, qui n'est qu'un croquis, et celle de presque tous les voyageurs, sont ses grandes sources.

ces . Il est vrai qu'il a beaucoup d'esprit , et qu'il connoit bien le monde. 2 Un autre livre qui m'a fort amusé, c'est une lettre de J. J. Rousseau à mr. d'Alembert sur le projet d'etablir un théatre à Geneve . Elle est aussi victorieuse sur ce qui fait le fond de la discussion que singuliere dans plusieurs choses incidentes que Rousseau y a fait entrer par voie de digression . De la maniere, dont le gros des hommes pense, écrit, et s'egorge, il me semble que notre globe prend de plus en plus l'air des petites maisons de l'univers .

C'est à vous, monsieur, et a ceux qui vous ressemblent qu'il faut dire : *Vos estis sal terræ* . Il suffit de vous lire pour se preserver de *l'infatuation* presque universelle. Jugez après cela, si je fais des voeux pour votre conservation, et pour la mul. tiplication de vos écrits .

Vale ergo, vige, et porro fave

DI

FORMEY.

XI.

Berlin le 3 de l'an 1759.

Avant que l'année ne soit plus avancée, agréez les voeux sinceres que je fais pour votre santé et prospérité, et les assurances de mon parfait et respectuex dévouement.

Je viens d'être comme terrassé par un des coups les plus sensibles que j'aye jamais éprouvé. J'avois une fille... mais je ne vous en dirai pas davantage. Vous excuserez un pere de vous envoyer un écrit, tel que le monument ci-joint, qui n'intéresse qu'autant que l'humanité peut engager à partager sa douleur : mais comme je vous connois, monsieur, ce fond d'humanité, et que j'ose me flatter que vous y joignez un peu d'amitié pour moi,

j'ai

j'ai cru pouvoir mettre sous vos yeux l'expression de ma douleur.

Il a paru dans les dernieres parties du journal encyclopédique pour l'année 1758 deux extraits de vos oeuvres. Ils sont miens quant au fond, mais messieurs les journalistes de Liege m'ont demandé la permission de retoucher et d'embellir ces extraits, que je leur ai accordé trés volontiers. Tels que sont les deux extraits susdits de vos oeuvres je crois, monsieur, que vous n'en seréz pas mécontent, lors qu'ils tomberont sous vos yeux; et le Journal encyclopédique étant à présent un des plus répandus, il m'a paru convenable que ce fut lui qui annonçât vos oeuvres.

Je n'ai pas perdu un instant de vue l'aggrégation de mr. Zanotti à la S. R. de Londres. Apres bien des lenteurs, monsieur Birch vient de me faire savoir qu'elle tenoit à une formalité, c'est le témoignage de deux membres étrangers en faveur du récipiendaire. Je compte de la lever incessamment, en engageant mr. Euler à signer avec moi un semblable témoignage que je ferai partir aussitôt.

J'ai

J'ai eu l'honneur de vous écrire et de
vous envoÿer le diplome du p. Frisio avec
quelques autres choses. Je compte que le
tout vous sera bien parvenu, et dans l'occasion vous voudrez bien m'en donner un
mot d'avis.

Voici une petite estampe du Roi que j'
ai fait graver pour le Journal encyclopédique; je ne sais si vous y reconnôitrez les
traits de notre César.

Ci-joint aussi le projet d'une feüille périodique que je viens de commencer en
dépit du bruit des armes. Chaque lettre
étant adressée à une personne réelle, je
prendrai, monsieur, la liberté de mettre votre nom (je ne désigne que par les
lettres initiales) a la tête d'une de ces
lettres, dès que je rencontrerai un sujet
dont je croirai pouvoir vous entretenir.

J'ai l'honneur d'être avec des sentimens
invariables,

DELLO STESSO

XII.

Berlin le 25 Mars 1759.

Votre silence commence à m'inquiéter; vous m'avez mis dans la douce habitude de recevoir de tems en tems de vos nouvelles, et elles me sont très précieuses. Je vous ai fait deux envois par le canal de mr. Guldmann, et j'aurois peut-être continué à vous faire parvenir les nouveautés que j' aurois cru propres à vous faire plaisir, si j' avois été bien sûr qu'elles vous parviennent et vous agréent. Nous avons, par exemple, depuis quelque tems deux pieces de *main de maître*, dont l'une est institulée. *Discours sur les Auteurs satiriques*, et l'autre *Lettre sur les libelles*; J'en ai un exemplaire à votre service, si vous voulez grossir par là votre collection des oeuvres de César.

C'est une grande entreprise que de faire recevoir un associé à Londres. J'avois

rempli le condition qu'on avoit exigée de
moi, en envoyant une espece de certificat pour mr. Zanotti, que mr. Euler et
moi avions signé. On vient de me répon-
der qu'il falloit trois signatures, et qu'ensuite l'affaire passeroit sans difficulté. Comme je n'ai pas un troisieme membre de
la S. R. de Londres sous la main, je crois,
monsieur, que vous qui en êtes pourez
terminer l'affaire, en écrivant deux mots
à mr. le D. Birch, Sécrétaire de la S. R.,
et y joignant un papier séparé où vous at-
testerez que le mérité de mr. Zanotti vous
étant parfaitement connu, vous le croyez
trés digne d'être aggrégé, etc.

Mr. de Maupertuis est toujours à Bâle.
Il a vu la mort de près au commencement
de l'année; mais il s'est remis assez bien
depuis: et j'ai une longue lettre de lui
du 3 de ce mois, où il paroit de bonne
humeur. Si nous le revoyons je compte
que ce ne sera qu'après la paix. Il y a
quelque tems que Voltaire, à propos de
rien, donna charge à quelqu'un à qui il
écrivoit, de venir chez moi; et de me
faire des complimens de sa part. On dit
qu'

qu' il vient de faire un ouvrage sur l'optimisme.

Rouvrirai - je mes plaies , monsieur ,
et vous entretiendrai - je de mes douleurs?
cet hyver m'a enlevé un de mes plus précieux biens , et m'a privé pour le reste
de mes jours de la plus abondante source
de joie et de consolation. J'avois une fille
dans sa 21 année, qui, de l'aveu de tout
le monde , étoit une des personnes les plus
accomplies de son sexe. Elle m'adoroit;
je lui rendois la pareille. Je comptois qu'
elle fermeroit mes yeux; et c'est moi qui
ai reçu son dernier soupir, le 18 Décembre. La petite vérole l'a couchée au tom-
beau. Je ne l'oublierai jamais: elle étoit
trop essentielle à mon bonheur. Une autre de mes filles, agée de deux ans a pa-
yé le 7 Janvier suivant le même tribut
du même mal. Plaignez-moi, et continuez-
moi votre affection.

J'ai l'honneur d'etre inviolablement.

DEL CONTE

ALGAROTTI

XIII.

à Boulogne le 24 Mai 1758.

J'ai les tous torts imaginables avec vous, monsieur. Il y a longtems que je vous devois réponse à deux lettres ; et en voila une troisiéme extrêmement obligeante que je viens de recevoir par le canal de mr. Bianchi. J'ai besoin de toute votre indulgence pour que vous vouliez bien me pardonner une négligence que je ne saurois pardonner à moi même. Je viens aux differens articles de vos lettres.

Le diplome pour le pr. Frisio lui a été envoyé. Vous en aurez reçu les nouvelles par lui même, j'en suis sûr. Il m'a envoyé il y a quelque tems un paquet pour vous, monsieur, qui contenoit une dissertation pour le prix de l'Académie. Je vous

l'ai

J'ai envoyé par le canal de mr. Guldmann et je crois que vous ne tarderez pas à le recevoir, au cas que vous ne l'ayez pas encore reçu.

Quant à l'Encyclopédie qui vient d'essuyer le pius furieux revers, je me suis adressé à Paris ainsi que vous me l'avez conseillé.

Je vous rends graces de la brochure que vous avez bien voulu m'envoyer sur la bataille de Zorndorf. Je l'ai luë avec le plus grand plaisir. Elle est écrite on ne peut pas mieux; et les événemens qui sont arrivés depuis lui servent du plus beau commentaire.

Mais comment vous remercierai-je, monsieur, des extraits de mes ouvres que vous avez fait mettre dans le Journal Encyclopédique? Je viens de les lire. Rien au monde de plus obligeant pour moi. Je vois bien que c'est le langage de l'amitié qui a parlè: c'est elle qui a dicté à votre plume. Je tâcherai dorénavant en mettant plus de correction et de justesse dans ce que j'écrirai de mériter en quelque sorte des éloges aussi flatteurs. Mais il faudroit que vous me pré-

tas-

tassiez pour cela de votre savoir et de votre esprit.

Le coeur n'est pas moins éloquent chez vous que l'esprit ; l'éloge de mlle. votre fille m'a tiré souvent les larmes aux yeux ; C'est l'effet qu'il a produit sur tous ceux à qui je l'ai donne à lire. Vous faites très bien d'avoir un grand fond de philosophie. Autrement la perte d'une fille aussi aimable et aussi accomplie seroit insoutenable. J'ai distribué votre nouveau projet littérarie, Mais dans ces pays-ci on est fort indolent sur ces sortes d'ouvrages. Jl n'y a qu'à Parme où on pourra le gouter. Là on est dans le gout de la littérature Françoise et je l'y ai envoyé. Ce sera pour moi un nouvel honneur que vous vouliez que le public sache que vous me mettez au nombre de vos amis à qui vous adressez vos pensées philosophiques. Vous me permettrez de vous addresser aussi quelques pensées. J'écris de tems en tems des lettres sur des sujets critiques, litteraires, etc. je voudrois en avoir quelqu'une d'assez bonne pour qu'elle fut digne de vous être adressée.

Je

Je vous serai infiniment obligé monsieur
si vous voulez m'envoyer les deux nouveaux ouvrages de main de maître, l'un
intitulé ; *Discours sur les auteurs satiriques*
et l'autre *Lettres sur les libelles*. Vous pourrez me les envoyer par la voie des cha-
riots adressés à mr. Guldmann à Augs-
bourg.

J'ai lu derniérement dans un mémoire
que le Roi avoit défendu dans ses états
l'inoculation de la petite vérole. Ce fait
est il bien vrai ? J'ai bien de la peine à le
croire.

A-t-on observè a Berlin la cométe qui
a enfin paru à la grande consolation des
bons Newtoniens. Ici le tems a été si
couvert de nuages qu'à peine l'a-t-on ap-
perçue deux fois. Si on a fait quelques
observations sur cette cométe je vous serai bien obligé de vouloir bien me les communiquer.

Voici la lettre pour mr. de Birch que
vous voudrez bien lui faire tenir. Dans la
lettre sera le certificat que l'on demande, moyennant qui je me flatte que nous

T 4

met-

mettrons la derniére main à l'affaire de
mr. Zanotti. Permettez que je vous témoigne de nouveau ma reconnoissance pour
toutes les peines que vous avez eu pour
cette affaire ·

Pardonnez-moi je vous prie toutes mes
négligences et comptez que je les repare-
rai dans l'avenir. Vous me trouverez le
correspondent le plus exact. Heureux si
vous vouliez mettre mon exactitude à l'
épreuve en m'honorant de quelque commission !

Mr. de Maupertuis est maintenant à
Bâle, à ce que l'on m'a mandé de Berlin, roulant maints projets dans sa tête.

Voltaire est toujours aux délices. On
m'a promis son *optimisme*, qu'on dit être
rempli des idées les plus singuliéres.

Le marquis d'Argens est il encore à
Hambourg, ou est il de retour à Berlin?

Voici une campagne sanglante qui se
prépare encore. Nous avons des nouvelles
ici d'une bataille qui s'est donnée à Francfort entre le Duc de Brunswich et mr. de
Broglio. On espére que la victoire est à
nous ·

nous. Dieu le veuille, et que ce puisse être un acheminement à une paix qui est tant souhaitée.

Continuez à nous éclairer et à nous charmer par vos écrits. Comptez que je lirai toujours avec la plus grande avidité tout ce qui sortira de votre plume et que j'ai l'honneur d'être avec tous les sentimens de l'amitié et de l'estime la plus parfaite etc.

D I

F O R M E Y

X.

Berlin le 5 Juin 1758.

J'entretiens avec un plaisir infini la correspondance que vous avez bien voulu conserver avec moi; mais je serois trés fâché qu'elle vous génât le moins du monde. J'ai seulement desiré de savoir si mes
diverses lettres et envois vous étoient par-
venus: un mot d'avis de votre part, ou
donné par votre ordre m'auroit suffi. Vous
jugez donc bien, que j'ai été doublement
satisfait en recevant la longue et obligeante lettre dont vous m'avez honoré en date du 24 Avril. Je vais en repasser les
articles, et joindre aux réponses que j'y
ferai ce que je me rapellerai de plus propre à vous intéresser.

Il me semble que je n'ai point eu de
nouvelles du p. Frisio depuis l'envoi de

son

son diplome. Quant à la dissertation pour le prix de l'Académie, je ne l'ai pas encore reçue.

Le tome XIII. des mém. de notre Académie paroit. Le voulez-vous, monsieur, et par quelle voie? Nous allons adjuger le 31 mai un prix sur l'influence du langage par rapport aux opinions. Nos assemblées publiques ne sont gueres brillantes a présent : on y entrevoit pourtant encore quelques cordons. Nous venons de perdre un de nos confréres, le dr. Sproëgel, decedé le 18.

Notre President est toujous à Bâle. Il a voulu venir par l'occasion de la derniere foire de Leipsig. Il avoit fait ses arrangémens, et pris congè de ses amis, mais on dit qu'il s'est trouvé plus mal. Il a présentment des attaques dans les entrailles, qui me paroissent plus menaçantes encore que les précédentes, quoique je l'aye souvent vu à deux doigts de la mort, et que sa résistence me semble inconcevable. Je ne compte pas que nous le revoyons jamais.

Le marquis d'Argens est à Berlin. Le Roi lui écrit souvent en vers et en prose,

Voltaire s'est remis à correspondre avec moi. Il me fit faire des complimens, il y a environ trois mois, et donna des ordres très exprès qu'on vint me les porter dans mon cabinet. Cela ne me tentoit pas pourtant de renouer; mais sur ces entrefaites madame de Manstein me pria de m'intéresser à placer les mémoires de Russie que feu son mari a laissès en ms.; et elle me dit à cette occasion que Voltaire étant à Potzdam en avoit offert mille ducats: J'ai eu la curiosité de lui écrire pour voir s'il se souvenoit de cette offre, qui sans doute n'a jamais été qu'une gasconnade de sa part. Il m'a fait une réponse de quatre pages la plus facétieuse du monde, où il me dit qu'il ne donneroit pas mille ducats de l'ancien Testament, à plus forte raison d'un manuscrit moderne. Il tombe sur Maupertuis avec le même acharnement qu'au fort de leur quérelle, et rien n'est plus plaisant que tout cela. Peu de jours après il m'a envoyé son Ode sur la mort de mad: la Margrave de Bareith, que j'ai fait réimprimér à Berlin, et dont je joins ici un exemplaire.

Le

Le successeur de l'abbé de Prades est un homme de mérite. J'entretiens une correspondance assez réglée avec lui; et je suis charmé de le voir dans le poste qu' il occupe.

Le b. de Bielfeld, réfugié à Hambourg pendant la guerre vient d'annoncer deux volumes *in quarto* d'*Institutions Politiques*, qui laisseront bien loin derriere elles les oeuvres des Grotius, des Montesquieu etc.

Je me réjouis que vous ayez été content de mes extraits de vos oeuvres. J'ose dire qu'ils étoient encore mieux, c'est-à-dire, qu'ils exprimoient plus fortement ce que je pense et ce que je sens à votre égard; mais je crois avoir déja eu l'honneur de vous mander que les Journalistes de Liege y avoient fait quelques changemens qui ne m'ont pas plu.

Mes *lettres periodiques* vont aussi bien que les circostances peuvent le permettre. Je profitérai bientôt de la permission que vous m'avez donnèe de vous en adresser une. Je n'ai garde de pretendre à voir mon nom placé dans vos ouvrages; et si jamais

cet

cet honneur m'arrive, je ne le devrai qu'
à l'excès de votre bonté.

Je vous envoie, monsieur, les deux
écrits de main de maitre, dont je vous
avois parlé. L'édition est d'autant plus re-
commandable qu'elle est fautive, ayant été
faite sous le manteau d'aprés un ms. original. Je joins encore une autre piece de
la même main, *Panègirique* etc.. Ces sont
des amusemens de l'hyver dernier. Quand
on a un peu le tact du stile, on recon-
noit sans peine leur auguste origine.

J'ai fait un *traité de la vieillesse*, et
un *traité de la mort*. J'ai aussi procuré
la réimpression d'un excellent ouvrage;
c'est, l'*essai sur le beau* du p. André,
et j'y ai joint un discours préliminaire et
des réflexions sur le goût.

L'inoculation n'a jamais été défendue
dans les états du Roi. Au contraire elle
s'y accrédite de plus en plus. J'ai refuté
cette assertion avancée en Italie dans une
de mes lettres. Mr. le comte de Redern
a fait inoculer ses enfants avec succès.
Et le fils de mr. Pelloutier, jeune Medecin,

cin, qui a dèja la vogue, a demandé d'
inoculer dans nos maisons d'orphelins.

Voici l'histoire de la Comete à Berlin,
telle que mr. Euler le fils me l'a fournie.
Nous n'avons point actuellement d'observa-
teur en titre, et c'est lui qui a fait cette fon-
ction.

» J'ai vu la Comete pour la premiere
» fois le 30. avril au soir aprés le coucher
» du soleil sous une hauteur de 6 à 8 de-
» grés. Elle n'avoit point de queue; peut-
» être étoit-ce le clair de lune qui em-
» pêchoit de la voir; mais avec la cheve-
» lure la Comete m'a paru de la grandeur
» de la moitié de la lune; son noyau étoit
» plus grand que Jupiter, mais sa splendeur
» incomparablement moindre. Elle étoit
» en ligne droite avec la *spica virginis*,
» et l'étoile *ɛ çorvi*.

» Le 1 de mai la Comete étoit près de
» l'étoile χ de l'Hydre.

» Le 2 elle étoit avec R. et S. de l'Hy-
» dre, et avec B. et E. *Crateris* en ligne
» droite.

» Le 3 elle faisoit un triangle équilaté-
» ral avec V. et S. de l'Hydre.

» Le

» Le 4 et 5 le tems n'a pas permis de
» découvrir sa situation.

» Le 6 elle doit avoir été bien près de
» l'étoile T· de l'Hydre, mais des petits
» nuages empêchoient de faire des obser-
» vations plus exactes.

» Le 7 le tems étoit couvert.

» Le 8 et le 9 on ne pût plus la voir
» que par une lunette; et depuis le tems
» ne m'a pas permis de la suivre. »

J'ai envoyé tout de suite à mr. Birch
la lettre que vous lui adressiez, et je compte que l'affaire de mr. Zanotti ne souf-
frira plus de difficulté.

C'est quelque chose d'abominable que
l'*optimisme* de Voltaire.

Nous jouissons cette année d'une tranquillité bien extraordinaire et bien inaccou-
tumée depuis la guerre. Le rôle de Fabius
que notre grand Monarque a fait succeder
a celui de César, lui·reussit a merveille,
et nous a delivrés jusqu'à present de toute allarme. On parle de paix, mais je ne
vois pas encore sur quoi ces bruits sont
fondés.

Quand le temple de Janus seroit fermé
a chaux

a chaux et a ciment, il-y-a un homme
qui guerroyera toute sa vie. C'est notre
Prémontval. Sous prétexte de donner un
ouvrage sur la langue Françoise, il vient
dans sa premiere brochure de m'attaquer
avec une fureur incroyable.

Je ne veux point entrer en lice avec
lui : mais il est desagreable d'être citoyen
de la même ville, membre du même corps
avec un pareil maniaque.

Notre digne Chancelier a des vertiges
d'un ordre fâcheux, et je crains que nous
ne le perdions: ce seroit grand dommage.

Je ne finirois point si je suivois la pen-
te qui m'entraîne ; accordez-moi la con-
tinuation de votre précieuse amitié ; je la
paierai d'un retour constant et me ferai toujours gloire d'être avec un dévouement
inviolable.

DEL CONTE

ALGAROTTI

XV.

Je n'aurois jamais fini si je voulois vous remercier de toutes les marques d'amitié que vous avez bien voulu me donner, monsieur, depuis quelque tems. J'ai différé de répondre à trois lettres que j'ai reçu dernierement de votre part, parceque j'ai voulu attendre à avoir les livres qui seront en route. Je laisse là l'*Art chronologique* et commence par vous remercier de la lettre que vous avez bien voulu m'adresser dans votre Journal. Rien ne sauroit être plus honorable pour moi. Vous m'avez bien fait sentir, monsieur, la verité de ce qu'on dit; qu'il n'y a pas de concert plus agréable que ses propres louanges; mais aussi faut-il qu'un tel concert soit

soit joué par un aussi habile maître que vous. Votre sermon m'a fait un plaisir infini. Il y regne un tel esprit philosophique qui doit vous faire regarder comme le Tilotson de l'Allemagne. Les autres ouvrages de main de maitre m'ont fait aussi grand plaisir, et je vous en rends bien de graces. J'ai oui dire qu'il sortira de la même plume une brochure sur l'agriculture. Cela est il bien vrai?

Les nouvelles litteraires que vous me mandez me sont très agréables. Il est étonnant comment Voltaire conserve encore la même vivacité de passions et de gouts qu'il avoit il-y-a trente ans. Mais il auroit bien dû se relacher un peu sur un ennemi mourant. Il sera déja mort à l'heure qu'il est. Les dernieres nouvelles que m'en a appris mlle. de Dankelmann, me le font craindre. Après une vie bien agitée il a essuyé une mort bien douleureuse. Je le plains de tout mon coeur.

Qui est donc celui qui a succédé a mr. de Prades dont vous parlez dans votre lettre?

Je suis bien fâché de voir ces querelles
lit-

litteraires et ces animosités savantes, qui deshonorent la litterature, et qui font que les gens d'esprit donnent la comédie aux sors. Vous avez trop de philosophie pour ne pas imiter Fontenelle toujours inebranlable aux satyres.

Que je serois heureux si j'étois à même de vous marquer ma reconnoissance et de vous faire sentir combien je vous estime et vous honore! Aidez-moi en cela et croyez que je serai toute ma vie avec l'estime la plus parfaite et l'attachement le plus inviolable.

DELLO STESSO
XVI.

à Boulogne le 8 Janvier 1760.

Je reçois deux de vos lettres presqu'en même tems, l'une du 25 l'autre du 30 octobre. Je commence par vous remercier des choses obligeantes que vous me dites, de tout ce que vous avez bien voulu faire pour moi, et de l'envoi surtout des livres. Mais que direz vous, mr.; si dans le tems même que je vous remercie d'une commission je prens la liberté de vous en charger d'une nouvelle. Je ne savois refuser à un ami de vous envoyer la note cy-jointe; je le fais avec d'autant moins de peine que vous verrez comment vos ouvrages sont recherchés, lus, et étudiés en Italie.

Je reviens a vos lettres; et en prémier lieu je vous félicite de votre ataraxie philosophique au milieu des plus grands orages, que jamais Mars eut excité. Je m'en félicite moi-même puisque je m'on

vais

vais gouter le fruit dans la lecture de vos *principes de belles lettres*, dont je vous rends mille et mille graces.

Rangez les ouvrages litteraires de niveau avec les philosophiques; je ne me promets pas moins de l'étendue de vos connoissances. Imitez même en cela le grand Fontenelle.

J'espere vous envoyer dans peu la lettre que j'ai eu l'honneur de vous adresser. Je ne saurai donner assez de preuves de mon estime a celui qui l'a acquise à si juste titre de l'Europe entiere. En attendant je vous envoye un petit ouvrage sous le titre de *lettere militari*. Je voudrois bien qu'il put mériter votre approbation, et que vous le crussiez digne d'en dire un mot dans le *Journal encyclopedique*.

Je ne sais pas si les devoirs primitifs pourront vous obliger jamais à quitter l'Académie. Je sais que son véritable honneur doit faire qu'on employe tout pour vous y retenir; et j'éspére que les choses tourneront bien même de ce coté-là; et ce sera un des fruits de la paix dont on annonce le retour. J'éspére que la possession de la Saxe que nous raurons malgré

gré tous nos ennemis, et le grand ascen-
dant des Anglois aménera cette paix telle que nous la voulons.

Jl y a apparence que le Roi dans le repos de l'hyver voudra travailler à l'éloge
de Maupertuis, et cela fera par toutes sortes de raisons un morceau extrémement
curieux.

Je vous plains bien d'essuyer la correspondance de mr. Roncalli, et suis bien fâché de l'avoir fait recevoir à l'Académie.
Mais j'aurois crû qu'il se seroit conten-
tè de tous ses *in folio* passés, et je n'
aurois pas cru qu'il vouloit barbouiller du
papier sur l'inoculation. Son ouvrage m'
a fait pitié, et certes ce n'étoit pas la peine d'y repondre. Il faut que mr. de Redern ait du tems de reste.

Je finis cette longue épître en vous priant
d'être persuadé que rien ne sauroit me
faire plus de plaisir que votre amitié et
vos lettres. Honorez-moi de vos ordres
et croyez que j'ai l'honneur d'être avec
la plus sincere estime.

V 4

DI

FORMEY.

XVII.

Berlin le 12 fev. 1760

Vous ne pouvez me donner de plus grande marque d'amitié qu'en me procurant
les occasions d'être de quelque utilité à
vous ou à vos amis. Je vais travailler à
rassembler les ouvrages indiqués dans la
note que vous m'avez fait parvenir; et je
les expedierai aussitôt d'une maniere conforme à vos instructions. En attendant je
n'ai pas cru devoir différer plus longtems
ma réponse à votre obligeante lettre du 8
du mois passé; et je l'aurois même fait
plutôt, si l'éloge de mr. de Maupertuis
ne m'avoit occupé pendant quelque tems.
Ayant enfin su par mr. de Catt qui a succédé à l'abbé de Prades dans le poste
de lecteur du Roi, que S. M. ne feroit
pas

pas cet éloge, je m'y suis mis ; et plein
de zele pour la mémoire du défunt, que
j'aimois bien sincerement, et à qui j'avois
des obligations réelles, j'ai laissé aller ma
plume, qui a rempli 80 pages in *quarto*;
dont la lecture a duré deux heures, et
rempli toute la séance de notre assemblée
publique : Il m'a paru qu'on étoit assez
content, sans doute parce qu'on a recon-
nu le langage du coeur : Je viens d'envoyer copié de cet éloge à mr. de la Condamine pour remplir une condition impo-
sée par le défunt : et quand j'aurai reçu
ses avis, je ferai imprimer cette piece, et
je prendrai alors la liberté de vous la présenter . Mr. le comte de Tressan m'a
écrit qu'il avoit aussi prononcé le même
éloge dans une séance publique de la Société Royale de Nancy : et comme c'étoit
plutôt un amant qu'un ami de mr. de
Maupertuis, il a accompagné cette lecture
de ses sanglots et de ses larmes. Je me
suis piqué dans mon éloge de toute la
sincerité qui compatit avec la prudence :
j'ai développé le caractére de mr. de Maupertuis au naturel, et j'ai raconté la quérelle

relle de Koenig, y compris l'Akakia, sans
détour, ni déguisement.

Je vous ai nommé mr. de Catt, lecteur
du Roi. Nous venons de l'aggréger à l'
Académie. J'ai une correspondance fré-
quente avec lui, quoique je ne le connois-
se pas personnellement. Il me paroit avoir
des principes, et des bonnes intentions:
et l'on doit être bien aise de le voir dans
le poste qu'il occupe. J'ai aussi à l'armée
notre académicien Lefebure, que le Roi
vient de faire Major-Ingénieur avec des
circostances fort gracieuses.

Nous avions eu quelque espérance de
paix, mais elle s'est evanouie. La campagne ne tardera donc pas à se rouvrir, et
Dieu sait quel en sera l'évenement. Ce
qui ne peut manquer, c'est l'effusion du
sang humain, et l'acroissement du nombre des malheureux, qui n'est déja que
trop grand.

L'hyver a été bien rigoureux et doublement sensible, parce que le bois man-
quoit à Berlin.

Je continue de travailler; c'est le seul
moyen de ne pas s'appercevoir des mise-
res

res de la vie. J'ai achevé mon *histoire
abrégée de la philosophie* : et je fais actuel‑
lement un *abrégé de l'histoire ecclésiasti‑
que*. *Les principes de la morale* sont faits,
il y a plus d'un an ; mais mon libraire
de Leyde m'a prié d'en renvoyer l'im‑
pression à l'année prochaine. Ainsi je ne
puis les envoyer, mais je mettrai a leur
place mon *Philosophe payen*, qui est un
ouvrage de morale, et dont je suppose
que l'acquisition ne sera pas désagréable
a mr. votre ami.

Je recevrai vos *Lettere militari*, et j'en
enverrai d'abord un extrait au Journal en‑
cyclopédique, qui doit se continuer pré‑
sentement à Bruxelles, ayant été interdit
à Liege à la représentation des docteurs
en théologie : et en effet ce Journal n'
étoit pas assez circonspect sur les matieres
de religion.

Il faut que je vous copie ici quelques
lignes que mr. de Voltaire m'a écrites,
en m'envoyant une lettre qu'un ami de
France lui avoit adressée pour me la faire
tenir.

» On m'a envoyé cette lettre ouverte ;
» je

» je profite de cette occasion pour vous

»

» crétaire éternel. Votre Roi est toujours
» un homme unique, étonnant, et inimi-
» table. Il fait des vers charmans dans
» des tems ou un autre ne pourroit faire
» une ligne de prose: il mérite d'être heu-
» reux; mais le sera-t-il? et s'il ne l'est
» pas, que devenez-vous? Pour moi, je
» ne mourrai pas entre deux capucins. Ce
» n'étoit pas la peine d'exalter son ame
» pour voir l'avenir. Quelle platte et dé-
» testable comédie que celle de ce monde. «

Sum felix tamen, o superi, nullique po-
testas hæc auferre Deo.

» Je vous en souhaite autant, et *vale?* «
Aux délices 6 Janvier.

Vous voyez, monsieur, qu'il en veut
toujours aux mânes de notre Président,
A' propos des vers du Roi, je reçus avant-
hier une lettre de Géneve, ou l'on mande
que les libraires de cette ville ont reçu de
Paris les oeuvres du Philosophe de *Sans-sou-*
ci, petite édition en menu caractère. Les
voila donc enfin au grand jour: mais je
suppose que c'est par quelque infidélité,

et

et que cette publication deplaira à l'auteur.

J'ai l'honneur d'être avec un devouement respectueux et inviolable.

P. S. **M.** de Maupertuis est apparu dans
la sale de l'Académie à un de nos confreres, le Botaniste Gleditsch, qui en a
été fort effrayé. Il s'y trouvoit seul, occupé a écrire. Il soutient fort et ferme
la réalité de cette apparition, qui nous a
beaucoup diverti.

XVIII.

Je me flatte que vous aurez reçu à l'heure qu'il est ma lettre imprimée dans la quelle je dis la plus petite partie de ce qu'on devroit dire d'un homme qui fait comme vous tant d'honneur aux lettres et au moeurs. Mr. Zanotti vient de recevoir une lettre de monsieur Birch, par la quelle il lui mande qu'il est agrégé à la Société royale. Je vous en fais, monsieur, les plus vifs remerciments et de sa part aussi. C'est de vous qu'il reçoit cette grace-la. Il est vrai que vous avez recommandé à la Société un sujet qui en étoit digne. C'est pourquoi je vous prie de vouloir bien ajouter une seconde grace à la premiere, c'est de le faire recevoir de

notre

notre Académie. Son oncle, mr. François
Zanotti qui est Sécretaire de l'Institut
et dont vous connoissez tout le mérite par
les actes de l'Académie qu'il vous a envoyés mérite bien d'en être aussi, et vous
les ferez recevoir sans doute. Oserois-je
ajouter à ces deux sujets un troisiéme qui
le mérite bien aussi? C'est mr. Caldani
professeur d'Anatomie à Boulogne. Je ne
connois guères de plus habile anatomicien
que lui. Il a fait dernierement ses leçons
publiques d'Anatomie avec un applaudissement dont il n'y a point d'exemple. Il
est le plus grand défenseur des decouver-
tes de mr. Haller. Il a même imprimé
ses ouvrages sur cela que vous aurez vûs
traduits en françois, dans les recueils de
mr. Haller même. Voilà bien de candidats, mais ils feront plus d'honneur à l'
Académie que mr. Roncalli, que je n'aurois
jamais prévu qu'il dut écrire contre l'inoculation. Pour celui j'ai été poussé à le
recommander. Ceux-ci je le propose *motu
proprio* pour l'honneur de l'Académie même. Je vous prie de vouloir bien solici-
ter pour cela de ma part mr. Euler et
mr.

mr. le comte Redern à qui je fais les plus

faudra pour cela.

Je viens de recevoir une lettre pour
vous d'un académicien qui aussi fait honneur à l'Académie : Je vous l'envoye. J'
ai envoyé a Venise trois exemplaires de son
livre qu'il m'a remis pour vous ; ils par-
tiront à le premiére occasion pour Aug-
sbourg à l'adresse de mr. Gullmann, pour
que vous les pussiez tenir.

J'ai lu dans les nouvelles publiques que
vous avez prononcé l'éloge de mr. de Maupertuis. Je me flatte que vous voudrez
bien me l'envoyer. Est-ce-que mr. de
Fouchy fera son éloge aussi en France ?
Avoit il été remis dans le catalogue des
académiciens de Paris avant sa mort ?.

Aurons nous bientôt un nouveau président ? C'est à dire aurons nous bientôt la
paix ? Car je crois bien que l'un n'ira pas
sans l'autre. Je souhaite pour l'honneur
de l'Académie que le Président soit tel qu'
il assortisse bien avec la Sécrétaire.

Continuez moi votre amitié précieuse,
et croyez que j'ai l'honneur d'être avec
                                    tous

tous le sentimens de l'amitié et de l'estime la plus parfaite.

✦✧✦✧✦✧✦✧✦✧✦✧✦✧✦✧✦✧✦✧✦✧✦✧✦

DI

FORMEY

XIX.

Berlin le 20 Mars 1760.

Depuis votre lettre du 23 fev· que mlle.
de Dankelmann m'a fait remettre il y a
trois ou quatre jours, vous aurez reçu celle que j'ai eu l'honneur de vous écrire
le 11 du même mois, et que j'ai adressée à mr. Gullmann. A'présent je reprens
la plume, dans la pensée que je vous fais
plaisir, en ne laissant pas retarder mes réponses. Paur moi c'est toujours avec un
extrême satisfaction que je reçois de vos
nouvelles, et que je vous donne des mien-
ner. Je l'ai toujours dit hautement; de

toutes les personnes de notre ordre qui
ont formé la cour savante de notre Monarque, vous êtes le seul dont la conduite ait été invariable à mon égard, c'est-
à dire pleine de douceur, de politesse et
de témoignages d'affection, J'en ai conservé un précieux souvenir, qui me rend
notre correspondance infiniment chere,
puisque j'y retrouve sans cesse de nouvelles preuves des sentimens dont vous m'
honorez.

Je suis charmé que l'election de mr.
Zanotti soit enfin faite et parfaite. Je ne
sai pourquoi elle a tant traîné; mais l'essentiel c'est que ces délais ayent abouti
au succès desiré. Je ne crois pas, monsieur, que celle des candidats que vous
proposez pour notre Académie soit aussi
longtems retardée. Aumoins ne sera-ce pas
ma faute. Nous allons entrer dans les fêtes de pâques; et à la rentrée, après avoir
avoir prévenu mrs. les directeurs, je la pro-
poserai, et vous donnerai d'abord avis
de son succès.

Il y a déja quelques années que je suis
de l'Institut. J'en ai été redevable à un
do-

docteur Pozzi, qui passa à Berlin, ou vóùs l'aurez sans doute vu . Il me semble avoir lu quelque part qu'il est mort : je voudrois en avoir certitude.

Vos *lettere militari* sont entre les mains de mr. Merian, que j'ai priè, comme entendant mieux l'Italien que moi, et comme étant très capable de cette tâche, d'en faire un extrait pour le Journal encyclopédique, actuellement transféré à Bouillon, après avoir été proscrit de Liege, et n'avoir pu prendre racine a Bruxelles. Aviez-vous, monsieur, envoyé ces *lettere militari* à S. M.? Je n'ai point encore reçu la lettre que vous avez bien vonlu, m' adresser, mais je vous en rens d'avance de trés humbles graces du meilleur de mon coeur.

Je ferai roûler sous la presse mon éloge de mr. de Maupertuis dés que j'aurai reçu les remarques de mr. de la Condamine, avec qui j'ai depuis la mort de mr. de Maupertuis une correspondance qui me fait beaucoup de plaisir, et qui me donne une idée très avantageuse de son caractere. Mr. de Fouchy ne lira le sien qu'

aprés pâques. J'ai aussi l'agrément du Roi,
à qui je fais parvenir de tems en tems
par mr. de Catt quelques anecdotes litté-
raires. Cela m'a valu quelques marques
d'attention de la part de S. M. qui ont
été fort satisfaisantes pour moi dans ces
conjunctures anarchiques. Il n'y a rien
de plus doux pour un sujet fidele et zélé, qui a fait son devoir depuis tant d'
années, que de savoir qu'il n'est pas mal
dans l'ésprit de son maître. Vous savez,
monsieur, qu'il y a eu autrefois bien des
tracasseries qui pouvoient m'inspirer quelques craintes à cet égard; mais j'ai pre-
sentement tout sujet d'être tranquille, et
j'ai beaucoup d'obligation à Catt qui est
un excellent garçon, aussi essentiel que
son prédécésseur l'étoit peu. J'entre dans
ces détails avec vous, monsieur, dans la
ferme persuasion ou je suis de votre amitié.

Voltaire m'écrit de tems en tems des
folies. Avant-hier encore je reçus un billet de lui, ou il disoit. » Je voudrois bien
» voir l'enduit de poix résine où vous
» avez embaume ce fou de Maupertuis
» avec

» avec sa petite perruque et sa loi de l'
» epargne. Avez-vous bien exalté son ame?
» J'ai peur que vos corps ne meurent de
» faim à Berlin. La France est ruinée com.
» me la Prusse. Voilà à quoi se réduisent
» les beaux exploits du meilleur des mon-
» des possibles. Ajoutez-y quelques cen-
» taines de mille pauvres diables de Mo-
» nades aux diables d'enfer ».

Je le soupçonne toujours fort d'avoir
fourni l'exemplaire d'après lequel ont été
faites les contrefactions des *oeuvres du Philosophe de Sans-souci*. D'autres disent que
c'est d'après un exemplaire que le Roi
avoit donné au comte de Gisors. Il y en
a des exemplaires de l'édition de Hollande à Berlin, mais arrêtés de par le Roi
jusqu'à nouvel ordre.

Il n'est point encore question d'un nouveau Président pour notre Académie et ce
ne sera sans doute qu'à la paix. Ah!
que ne pouvez-vous ou ne voulez-vous revenir pour remplir ce poste!

ALGAROTTI

XX.

à Boulogne le 10 *Mai* 1760.

Votre billet pour mr. Bianchi est déja parti pour Rimini. Tant mieux que l'éloge que vous avez fait de notre défunt président soit allé jusqu'à 80 pages *in quarto*. Le plaisir que j'aurai à le lire ne sera pas si court. Au nom de Dieu expédiéz-le moi au plutôt par le canal de mr. Gullmann. Je vous dirois bien de me l'envoyer par la poste; mais je crois que le paquet en sera trop gros.

Ce mr. le Catt qui est lecteur du Roi, est-ce mr. le Catt chirurgien qui a écrit sur les sensations si je ne trompe, et qui est entré aussi dans les disputes contre mr. Haller ?

J'ad-

J'admire la fecondité de votre esprit qui nous donne toujours de nouvelles, et de telles productions. Je serai charmé entre autres de lire votre *abrégé de l'histoire Ecclesiastique*. Je me souviens d'une lettre latine que vous écrivîtes autrefois au cardinal Querini au sujet du schisme du tems de Luther, et Calvin. Rien de plus judicieux, de plus beau, de plus excellent.

Je crois que votre abrégé sera dans le même gout.

Je vous rends mille graces pour la lettre que vous avez bien voulu transcrire pour l'amour de moi. Ces petites anecdotes font le plus grand plaisir; mais je suis dans un pays, ou je ne saurois guéres vous le revaloir; à moins que vous ne vouliez prendre pour un équivalent ma reconnoissance. Quoi? dans votre pays aussi il s'agit encore des revenans! Je croyois que ce privilége étoit reservé au notre. On a fait paroître ici l'ombre de Maupertuis assez maussadement dans un de ces écrits dont on inonde le public depuis dix ans, au sujet d'une frivole dispute qui s'est-elevée par rapport à son *essai sur la morale*.

X 4 On

On me mande de Paris aussi qu'on débite les oeuvres du philosophe de sans-souci et qu'on en est à la troisieme édition qui se débite à vue d'oeil. On me demande si le Roi avoit permis cette édition, ou si ce n'est pas l'exemplaire de Maupertuis qui a servi de modéle: Je sais bien que ce n'est pas le mien. Je l'ai toujours gardé sous clef, et je ne l'ai fait lire à personne que moi présent. Je vous prie de me communiquer ce que vous savez là dessus; car je suis dans une obscurité totale.

Je me flatte que vous aurez reçu à l'heure qu'il est la lettre que je vous ai adressée. Si vous croyez qu'elle vaille la peine de la faire traduire, vous pourriez l'envoyer au Journal encyclopédique. Je vous remercie d'avance de l'extrait que vous y ferez mettre de mes *lettere militari*.

Vous aurez reçu mon placet au sujet de mrs. Zanotti, le sécrétaire et l'astronome de l'Académie, et de mr. Caldani. Je vous renouvelle mes instances là dessus, et vous renouvelle aussi mes remercimens au sujet de la lettre de mr. Birch, que mr. Zanotti a reçue. Soyez sécrétaire éternel, je vous

vous le souhaite aussi pour l'honneur de l'Académie. *Vale, et me ut facis ama*.

P. S. Le prix est il donné? pourroit on savoir sans blesser en rien les devoirs du Sécrétarie, comment les affaires se disputent par rapport à ce prix. Je souhaiterai pour l'honneur de l'Italie que le p. Frisio le remportat encore. Si cela est, mon plaisir doubleroit si je pouvois le savoir plutôt que le public.

L ᴇᴛᴛ ᴇ ʀ ᴇ́

D I

F O R M E Y.

X X I.

Berlin le 5 Avril 1760.

Il me paroît que les nouvelles de nos quartiers vous font plaisir, et je n'en trouve
pas moins à vous mander toutes celles qui
peuvent donner matiere à une correspondance permise.

Nous nous repaissons actuellement de
la flatteuse idée d'une paix prochaine, au-
moins avec la France. Il est certain qu'elle
nous mettra fort au large: cependant si
l'Autriche, et la Russie persistent dans
leurs desseins, il y aura encore bien des
calamités, et du sang répandu. La Cour
nous a quitté pour aller à Magdebourg.
Cependant mr. le prince Ferdinand, et
mad. son Epouse, viennent d'obtenir du
Roi la permission de demeurer à Berlin,

qui

qui leur avoit été d'abord refusée; et cela me paroît de bon augure. Mon esprit
d'ailleurs ne s'occupe pas beaucoup de ces
idées; je remets à la providence tous les
évenemens, me contentant d'y être rési-
gné d'avance, et de conduire le mieux
qu'il m'est possible ma petite nacelle au
milieu de ces tempêtes.

J'attens les remarques de mr. de la Condamine pour faire imprimer l'éloge de mr.
de Maupertuis. Je ne manquerai pas, monsieur, dès qu'il paroîtra de vous en envoyer
un exemplaire per la voie de mr. Gullmann;
et je m'en serois également acquitté quand
vous ne me l'auriez pas prescrit.

Je vais, monsieur, vous faire connoître
le lecteur du Roi. Il n'a rien de commun avec mr. le Catt, professeur à Rouen, homme déja sur l'âge, et attaché à
sa patrie par plusieurs emplois qui ne lui
permettroient de remplir le poste en question. Celui qui l'occupe actuellement se
nomme Catt; et sur le bruit qui a couru
que le Roi l'avoit annobli, on dit presen-
tement de Catt. Il est de Morgue, dans le
pays de Vaux, et avoit fait ses études en
theo-

théologie pour être ministre réformé. Il
entra ensuite chez un seigneur hollan-
dois pour l'éducation de ses enfans. Dans
un voyage que le Roi a fait *incognito*
en Hollande, Catt se trouva dans une
barque avec S. M. et ne la connoissant pas,
eut un entretien avec elle, si plein de fran-
chise et de bon sens, que le Roi le gou-
ta beaucoup, et se faisant connoître a lui,
avant que de le quitter, il lui promit de
ne pas l'oublier. Il lui a tenu parole, l'
ayant appellé d'abord après l'affaire de Prades. Je ne le connois point encore person-
néllement, parce qu'il n'est pas venu à
Berlin ; mais j'ai une correspondance réglée avec lui, qui m'en donne l'idée la
plus avantageuse ; et tous ceux qui le connoissent m'y confirment. C'est un très
grand bien que cet honnête homme soit
auprés de notre Monarque ; et j'espere qu'
il s'y soutiendra.

Je vous présenterai, monsieur, mes abré-
gés de l'*Histoire philosophique*, et de l'
Histoire ecclesiastique à mesure qu'ils paroîtront ; et je serai très flatté s'ils peuvent
obtenir votre approbation.

Je

Je n'ai point encore reçu la lettre que vous m'avez fait l'honneur de m'adresser ; et ce retardement me fait une véritable peine. Je ne reçois point de nouvelles du Journal encyclopédique transplanté à Bouillon ; je crains qu'il ne pourra pas y prendre racine.

Il y a au sujet de l'édition des *oeuvres du Philosophe de Sans-souci* une foule d'anecdotes, que j'ai reçu des premieres sources, et que j'ai fait parvenir au Roi à qui elles ont fait plaisir. La premiere édition s'est faite à Lyon chez Bruyset. Un inconnu, qu'on croit échappé de Potzdam et y avoir été sécrétaire, donna le mss. Bruyset envoya des exemplaires à Paris pour être débités sous le manteau par un colporteur. Celui-ci fut saisi, et nomma Bruyset. Aussitôt des agens de police furent envoyés à Lyon, ou l'inconnu fut trouvé encore à l'auberge, attendant du Libraire, le reste de son païement. Il fut mené a Pierre Encise. Le debit de ces oeuvres a été défendu à Paris. Les Gazettes de Hollande nous ont dit qu'on prêchoit contr'elles. Ce livre n'est pas enco-

encore public à Berlin, quoiqu'il y soit arrivé quelques centaines d'exemplaires de l'
édition d'Amsterdam . Mais le libraire
Voss a annoncé une édition privilégiée, et à
la quelle on fera sans doute des changemens ; jusqu'alors elle n'aura point de dé-
bit . Tel est l'état actuel de cette affaire.
J'ai toujours du penchant à croire que
Voltaire ait trempé dans cette publication.

Je ne perdrai point de vue l'election
des trois sujets, que vous m'avez recom-
mandés pour notre Académie .

Mr. Euler le fils se marie, et s'allie
avec moi, sa future épouse étant ma nie-
ce . Je suis infiniment sensible à l'affection
que vous me témoignez, et ferai ma gloire
d'être *ad cineres usque* .

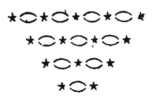

D I

F O R M E Y

XXII.

Berlin le 16 Mai 1760.

Dans ma dernière j'ai eu l'honneur de
vous marquer que j'aurois encore celui de
vous écrire au sujet de la distribution du
prix de la classe de physique pour cette année. mr. Euler à qui j'en ai parlé, m'
a dit quil ne seroit pas adjugé ; et lorsque
j'ai demandé si la piece du p. Frisio ne
lui avoit pas paru dans le cas d'être cou-
ronnée, il a dit que le commencement
en étoit excellent, et lui avoit d'abord
fait juger que le prix ne pouroit manquer
à ce mémoire, mais qu'ensuite, l'auteur
s'étoit tellement égaré qu'il n'y avoit plus
rien qui put être regardé comme relatif
à la question proposée. Ce qui soit dit
éntre nous. En général ces distributions

de

de prix me paroissent des choses assez bizarrement dispensées, et mes yeux ont déja été témoins dans notre Académie de bien des procédures illégales dans ces cas. Celui de l'Académie des Sciences de Paris vient d'échoir au second des fils de mr. Euler. Cela est aussi fort plaisant. C'est un écolier en Medecine que je crois trés éloigné de la capacité requise pour remporter un prix quelconque. De sorte qu'il est assez manifeste que ces pieces victorieuses sortent de la fabrique du Pere; et je soupçonne fort que son fils aîné, à présent mon neveu, est aussi dans le cas. Il est vrai que cela ne fait point de tort ni à l'Académie qui couronne, ni aux autres concurrens; puisqu'il ne s'agit que de récompenser celui qui a le mieux fait, sous quelque nom qu'il se présente. La Classe de physique de notre Académie devoit aussi donner un prix cette année sur la part qu'a l'arsenic à la génération des métaux; mais il ne sera pas donné. La Classe de Belles-Lettres seule couronnera une piece, sur l'ancienne Histoire des marches de Brandembourg.

J'ai

, J'ai cru, monsieur, devoir multiplier, et répandre le témoignage précieux d'amitié dont vous m'avez honoré. Pour cet effet j'ai fait imprimer à Berlin votre lettre, afin de la distribuer à mes amis, et à mes correspondans . J'en joins ici quelques exemplaires, qui remontent ainsi vers leur source .

J'ai parlé à mr. Euler des trois candidats pour notre Académie, mrs. Zanotti, et mr. Caldani, et ils seront proposés le mois prochain .

Je viens de donner à l'imprimeur l'éloge de mr. de Maupertuis, et comme je me propose d'y joindre ceux de mrs. les Maréchaux de Scheverin, et de Keith, et celui de mr. de Viereck, cela fera un petit volume .

La position des armées à quelques mouvemens de corps particuliers près, demeure encore la même . Mr. de Catt m'écrit depuis quelque tems d'un endroit nommé Scheletau, qui est le quartier-général de S. M. Il m'a envoyé la semaine passée de la un bel exemplaire des *Poesies diverses*, en grand papier, et très bien relié. On est occupé à l'édition *in quarto* avec les vignettes de Schmidt.

Continuez, je vous en supplie, monsieur, à m'accorder de tems en tems de vos nouvelles, et à me regarder comme l'homme du monde, qui vous est le plus sincerement dévoué. J'ai l'honneur d'être inviolablement.

D I

FORMEY.

XXIII.

Berlin le 17 *Septembre* 1760.

Je suis bien flatté de l'approbation dont vous honorez mon éloge de mr. de Maupertuis. Je sens pourtant que je la dois plus à votre bonté pour moi qu'au mérite de l'ouvrage. Mais cela m'enhardit à vous présenter encore trois éloges, ou mon pinceau se trouve encore bien foible pour d'aussi illustres personnages. J'ai saisi avec empressement une occasion de vous citer dans mon avertissement, et j'espere que ce témoignage de mon zéle ne vous déplaira pas.

Mr. Merian vous assure de ses devoirs. Je lui ai remis les *lettres sur la Russie*, et il se fera un très grand plaisir d'en donner aussi un extrait.

Je

Je voudrois bien qu'on fit une bonne traduction françoise de tous vos écrits. J'ai lu avec plaisir le morceau *sur les Incas* qu'on a mis dans le *Mercure* de France. Le traducteur vous est-il connu?

Notre pauvre Académie s'affoiblit par des pertes réitérées. Nous venons de faire celle de notre Doyen mr. Eller, le premier Medecin du Roi. Il étoit fort assidu à nos assemblées, et mr. de Maupertuis l'a toujours regardé comme un excellent académicien. Je ne crois pas devoir proposer vos trois candidats dans ces conjonctures: il faut attendre que le machine académique soit moins détraquée. Mais je n'en serai pas moins attentif à placer leur demande dans le tems, et le lieu qui me paroîtront le plus convenables.

Nous avons des succès réitérés qui réparent nos pertes ou échécs précédens. La victoire sur le général Laudon a été importante, et hier nous reçumes la nouvelle d'un avantage à peu-pres semblable sur le général Beck. Probablement nous atteindrons la fin de la campagne en disputant

tant le terrain ; il faudra voir si cet hyver n'amenera point enfin la paix.

On m'a assuré que Voltaire faisoit faire une édition des oeuvres du Philosophe de Sans-souci ou il mettoit non seulement toutes les choses que l'auteur a désavouées, mais beaucoup d'autres plus fortes encore. Cette hardiesse m'étonneroit, d'autant plus qu'il a toujours paru se glorifier des rélations qu'il avoit conservées avec le Roi. On m'a mandé de Paris qu'un frere de mr. de Pompignan, qui est officier, ayant appris toutes les indécences de Voltaire contre Pompignan, a juré qu'il l'en feroit repentir, et que cela l'a fort allarmé ; car il est aussi poltron qu'insolent.

Toute cette guerre littéraire dont Paris est le théatre, est le triomphe de la déraison. Les gens de lettres ne cherchent qu'à s'avilir réciproquement, et n'y réussissent que trop.

J'ai dessein de donner l'année prochaine un nouvel ouvrage périodique, dont voici le programme. J'en ai déja entamé la composition, et j'y annonce vos ouvrages d'une maniere conforme à ce que j'en pense.

J'ai

J'ai l'honneur d'être avec un dévouement inviolable, et respectueux.

✦◯✦◯✦◯✦◯✦◯✦◯✦◯✦◯✦◯✦◯✦◯✦

D I

FORMEY

XXIV.

Berlin le 24 Octobre 1760.

L'amitié dont vous m'honorez, et l'intérêt que vous ne pouvez manquer de prendre à tout ce qui concerne un état, et une Ville, auxquels plusieurs liens très étroits vous attachent encore, vous aurons sans doute rendu sensible au sort que nous venons d'éprouver, et que les nouvelles publiques vous auront appris, avant que cette lettre vous parvienne. Vous serez bien aise d'avoir une idée exacte de ce qui s'est passé; et je vais, monsieur, vous la donner en peu de mots.

Vers

Vers la fin de septembre Berlin étoit
allarmé par des bruits qui annonçoient l'
approche des troupes ennemies. On ne
parloit cependant que de quelques partis
qui faisoient le dégât à la campagne; et
l'on ne s'attendoit pas à voir paroître une
armée. Mr. le Chancelier, mr. Achard,
et quelques autres, partirent. Le 3 de ce
mois, à neuf heures du matin, on dit: L'
ennemi est aux portes de la Ville. On
envoya quelques housards escarmoucher contre lui; ensuite on les rappella, et à midi
on tint toutes les portes fermées. Vers
une heure commença une cannonade qui
dura jusqu'à 7 sans aucun effet réciproque.
Après huit heures, les ennemis commen-
cerent à jetter des grenades, et des bom-
bes sur la ville. Quantité de maisons furent endommagées, et deux prirent feu.
Enfin cette journée se termina par trois
assauts livrés à nos murs, et qui furent
repoussés, quoique nous n'eussions qu'une
poignée de petits soldats de garnison. Le
prince Eugene de Wurtemberg qui étoit
à quelques milles de Berlin pour combat-
tre les Suèdois, avoit fait avertir qu'il

Y 4 vien-

viendroit à notre secours, et en effet dès
la nuit du 3 au 4 nous vimes arriver des
secours, qui filerent successivement tout
le 4. L'ennemi ne tenta rien ce jour là,
mais l'on craignoit fort que la nuit sui-
vante il ne bombardât avec une nouvelle force. Cette nuit fut pourtant tranquille : le dimanche 5 on ne voyoit plus d'
ennemis, on les crut entierement retirés ;
et l'aprés midi j'allai moi-même hors de
la ville visiter l'endroit ou ils avoient été.
Mais dés le lundi ils reparurent ; et l'on
comprit qu'ils se sentoient assez forts pour
continuer leur entreprise. En effet il leur
vint successivement de très gros renforts. Ils
ne firent cependant point d'attaque formelle
le lundi et le mardi : on eut même un avantage sur eux le lundi matin, prés du jardin
de l'Académie ; et le village de Schonberg,
qui est derriere le jardin fut brûlé pendant
cette action. On s'attendoit que ces in-
certitudes auroient pour dénouement une
bataille aux portes de Berlin. Mais un
évenement imprévu changea la face des
choses. Mr. de Lascy, par une marché éton-
nante, et qui trouvera place dans l'histoire,

re, vola de Lansdhut à Berlin en neuf jours, n'ayant donné à ses troupes que deux heures de repos par jour. Il fit d'abord savoir son arrivée, et sommer par un trompette accompagné du prince de Lichtenstein, qui vinrent le mardi 7 au soir. Nos généraux furent alors convaincus de leur infériorité, et prirent le parti de la retraite. Cette retraite s'exécuta la nuit du 8 au 9. Il avoit régné pendant 24 heures un vent le plus impétueux que j'aye jamais vu, et que je serois tente de nommer miraculeux; car sans ce vent l'ennemi qui avoit dressé les plus fortes batteries foudroyoit la ville, marchoit en ordre de bataille, pour attaquer notre armée, qu'il n'auroit plus trouvée, et fondant par conséquent sur la ville sans défense, y seroit entré l'épée à la main, l'auroit traitée en ville prise de force. Au lieu de cela le Commandant vers les 4 heures envoya demander à capituler; et comme il y avoit de la jalousie entre les armées Russes et Autrichiennes, peut-être même entre les trois corps qui composoient l'armée Russe. Mr. de Tottleben à qui la capitulation fut proposée

sée l'accepta. Dès les 7 heures du matin
le 9 les Russes poserent des gardes aux
portes, au Château, à l'Arsenal. Quelques
milliers d'hommes vinrent ensuite environ-
ner le Château, et couvrir les deux pla-
ces qui sont autour de cet edifice. Les
Autrichiens s'emparérent de deux portes,
celle de la ville neuve, et celle de Leipzig. Mr. Euler alla demander des sauvegardes pour les académiciens, et en obtint.
A' 9 heures j'avois un grenadier-Russe dans
ma maison. Une demie heure après il m'arriva quelque chose de plus satisfaisant encore. Le comte de Bruce, que j'ai eu en
pension il y a environ treize ans, à présent brigadier en Russie, avant que de
mettre pied à terre, vint chez-moi m'
assurer de son amitié, et des soins qu'il
prendroit de moi. L'après-midi, je fus
repaître mes yeux de l'étonnant spectacle
de notre Château environné d'Hyperbo-
réens. Quel coup d'oeil! Je vis tous les
généraux à cheval avec l'air de satisfaction
que devoit leur donner une si belle prise.
Vers le soir les Autrichiens prirent des
logemens surtout à la ville neuve, où ils

ont

ont vécu à discrétion, foulant beaucoup
leurs hôtes, sans compter quantité de vols
formels qui ont été commis avec effra-
ction, et violence. Les Cosaques aussi
répandus dans les fauxbourgs y faisoient le
dégat, et s'insinuoient souvent dans quelques rues de la ville. Le vendredi, et le
samedi se passerent à dépouiller l'Arsenal, les grandes ecuries, et tous les lieux
ou il y avoit des munitions de guerre. On
les vendoit à bas prix, on détruisoit ce qu'on
ne pouvoit vendre: on saccageoit l'Arsenal:
cela faisoit fendre le coeur. Un magazin
à poudre sauta par accident. La fonderie
et la monnoie furent détruites. Nous ne
savions combien ces désolations dureroient;
lorsque tout à coup le samedi 11 après
midi les Autrichiens sortirent de la ville
avec une grande précipitation. Les Russes s'arrangerent aussi, mais plus tranquil-
lement, pour leur départ; ils redemande-
rent les sauvegardes le dimanche matin;
et le lundi à 2 heures après midi, il n'
en restoit pas un seul dans la ville. Depuis ce tems là nous n'avons aucun sol-
dat, ami, ni ennemi. Nous ignorons
enco-

encore actuellement pourquoi nos hôtes
nous ont quitté sitôt. Le Roi à la vérité
s'est approché, et il est actuellement ren-
tré en Saxe. On s'attend à une bataille :
et Dieu sait quelle sera l'issue de cette
campagne. En attendant nous venons d'
essuyer une forte épreuve: il est vrai qu'
elle auroit pu l'être beaucoup davantage,
et qu'il a tenu à bien peu que nous n'
ayons été la proie de l'incendie, et du
pillage général. Pendant tout ce tems la
Dieu m'a fait la grace de conserver la
tranquillité la plus parfaite, quoique je
fusse preparé aux plus grandes extrémités.
J'ai considéré tout ce qui se passoit avec
attention, et sans m'émouvoir. Ma maison a été préservée, de tout accident fâcheux. Ma femme étoit excessivement agitée, et trembloit surtout pour la ville neu-
te, où elle a sa famille, et ou est aussi
notre fils nouveau né chez une nourrice.

Le marquis d'Argens a eu de grandes
angoisses. Il se réfugia d'abord chez le
Comte de Reuss, ensuite étant réntré chez
lui, quelques excès commis à sa porte le
firent aller avec sa moitie chez mad. Kühn,

et

et enfin chez mr. de Beausobre. Les ennemis nous ont apporté une lettre interceptée du Roi à mr. d'Argens, qui en a recouvré copie par ce moyen. Elle est fort intéressante, morale, politique etc. Le Roi y témoigne qu'il est las de la guerre, et que s'il peut survivre à celle-ci, il. finira ses jours au sein de l'amitié et de la philosophie. Il se plaint de l'aveuglement du ministere de France qui sacrifie lé Canada et Pondichery pour faire plaisir aux deux Imperatrices, et parle d'un trait odieux du duc de Choiseul, sur lequel il ne s' explique pas.

Les Gazettiers ont été recherchés. On vouloit user de beaucoup de sévérité, et il a fallu beaucoup d'intercessions, pour obtenir leur grace. Ils ont été conduits en place publique, et dépouillés comme pour les fustiger et les marquer d'un fer chaud, ensuite on leur a fait grace. On a brûle en leur présence les gazettes et divers écrits satyriques. On cherchoit fort un nommé Justi, celui qui gagna autrefois *per ne-fas* notre prix sur les Monades, qui a écrit la vie de Bruhl et d'autres pieces atroces.

Quoi-

Quoiqu'il n'ait pu sortir de Berlin, il a eu le bonheur d'y demeurer caché. On avoit saisi à sa place un avocat nommé Gustine, et. cela a fait un qui pro quo plaisant. Mr. de Beausobre, comme censeur des gazettes,. a tremblé, et a cherché un asyle chez mr. Sternickel, sécrétaire de Saxe.

La maison de mr. Dahlefeld, ministre de Dannemarc à Berlin, contigue à l'église catholique à été insultée par les Cosaques, et les meubles qu'il avoit à Charlottembourg ont été pillés.

Rien n'est plus déplorable, monsieur, que nos campagnes: le Cosaque y a exercé ses fureurs au plus haut dégré sur les choses animées et inanimées. Charlottenbourg surtout est dévasté d'une maniere qu'on a lieu de croire être une représaille formelle de ce qui s'est passé sur les terres du comte de Bruhl. Tous nos villages a 3 ou 4 lieues à la ronde ont eu à peu près le même sort. Potzdam et Sanssouci ont été épargnés par le général Esterhazy, qui s'est contenté de 60000 écus de contribution. La notre est de 170000;
Mais

Mais les dommages montent peut-être à d'avantage.

Tels sont, monsieur, les tristes effets de la guerre la plus violente et la plus acharnée dont l'histoire fournisse d'exemple. Quand finira-t-elle? Cet hyver nous procurera-t-il la paix? *Quousque, Domine?*

Notre Académie va comme elle peut dans de pareilles circonstances. Avec cela elle a fait une perte réelle par là mort de mr. Eller, directeur et académicien zélé et assidu. Mr. Marggraf a eu sa place de directeur. C'est à present mr. Euler, qui, sous les auspices du ms. d'Argens condut cette barque.

Aujourd'hui même (23) je compte de proposer vos trois candidats pour être élus; et ma premiere lettre vous donnera sans doute avis de leur réception.

Il y a trois ou quatre jours qu'on est venu me remettre copie d'une lettre latine que le docteur Bianchi, Janus Pancus, nous a ecrite à l'occasion de votre Horace que vous lui avez envoyé. A la fin de cette lettre il y a quelques remarques qu'il vous communique. Je ne sai pourquoi

quoi on m'a voulu faire part de ces pïe-
ces ; mais je n'en ferai aucun usage.

Vous aurez reçu, monsieur, mes trois
dernieres éloges. Je ne sai si je pourrai
commencer mes *annales typographiques*
après ces désastres. Quoiqu'il en soit, je
ne demeure pas oisif dans mon cabinet,
et j'ai trouve le repos et la satisfaction
qui semblent bannies de nos contrées.

Honorez-moi, monsieur, d'une promte
réponse, et recevez les assurances récité-
rées du dévouement inviolable, avec lequel je suis, *inter medios ignes et hostes*.

DEL CONTE

ALGAROTTI

XXV.

à Boulogne le 15 Novembre 1760.

Hélas! que les malheurs se suivent de bien près! Il ne suffisoit donc pas que le Prince héréditaire eut perdu la bataille de Rhinberg, il a fallu encore que peu de jours après le Roi d'Angleterre soit mort, et que le 1 du mois présent le Roi ait perdu une battaille en Saxe. Est-il possible que la fortune ait tourné le dos a ce Héros, qui par ses vertus, et par son admirable conduite merite tant de l'avoir favorable?

Au milieu de tant de malheurs je prens quelque consolation en lisant deux de vos lettres, monsieur, que j'ai reçues presqu' en même tems, quoique de date bien différente.

To: XVI.   Z   Je

Je suis charmé d'apprendre par la première que vous ayez reçu mes *lettres sur
la Russie*, et j'apprens une chose que je
ne savois pas, qu'on eut traduit mon *essai sur les Incas*.

Je n'ai pas vû l'extrait que vous avez
fait de mes *lettres militaires*, monsieur;
et comme je ne doute pas qu'il ne soit
extrêmement honorable pour moi je meurs
d'envie de le voir. Indiquez-moi dans
quel Journal il est.

Par le seconde lettre j'étois très affligé.
La peinture des maux que le Russes ont
faits à Berlin est très vive. Je regarde ce
pays-là comme ma seconde patrie, et ses
maux sont les miens. Ces belles statues
donc qui représentent Achille au milieu
des filles de Seiros, sont mutilées, et de-
truites par la fureur des Cosaques et des Cal-
mouques? mais au moins l'Académie a été sau-
vée; vous avez trouvé une ame grecque
dans un Russe. Je ne doutois pas de votre ataraxie au milieu de tant de tumulte et d'horreur, et je vois que la philosophie sert bien ceux qui la cultivent comme vous.

J'ai

J'ai lû avec un plaisir infini les éloges que vous avez bien voulu m'envoyer. Ils courent Boulogne maintenant, et sont entre les mains de *quantum est hominum venustiorum ;* et j'ai lû avec une reconnoissance infinie ce que vous dites de moi et de mes *lettres Russes* dans là préface. Je vous en rends, monsieur, un million de graces.

Mr. Bianchi est bien fou de vous avoir envoyé cette lettre sur mon *Horace.* Je vous prie de me mander si elle étoit imprimée ou manuscrite?

Est-il donc vrai que notre Académie a pris part contre l'inoculation? Je ne saurois me le persuader.

Je vous rends bien de graces aussi de ce que vous me mandez au sujet de mes candidats; et je me flatte qu'ils seront reçus à l'heure qu'il est.

Le p. Frisio voudroit savoir si le prix pour l'Académie est proposé pour une autre fois, ou si l'on a proposé quelque autre sujet.

Je souhaite que vous ayez assez de tranquillité pour enrichir la république des

Z 2   let-

lettres de nouveaux trésors. Je vous remercie de la mention honorable que vous
voulez encore faire de moi. Qu'est ce que
je ne gagne pas à votre amitie. Je voudrois bien, monsieur, être à même de faire quelque chose pour vous, et de vous
donner quelques marques de la reconnoissance et de l'estime infinie avec la quelle
j'ai l'honneur d'être.

DELLO STESSO

XXVI.

à Boulogne le 1 *Decembre* 1760.

Ma lettre ne devroit être qu'un remerciment d'un bout à l'autre. En premier lieu je dois vous rendre, mon illustre ami, les plus vives graces de la mention honorable que vous avez bien voulu faire de moi dans la préface de vos éloges, avec lesquels vous avez consacré la mémoire de trois grands hommes. Que dirai-je après pour la réception des trois candidats ? Ils vous marqueront eux mêmes leur reconnoissance ; je ne ferai que vous indiquer la mienne ; car il est impossible que je puisse vous la rendre. Mettez-moi à même de vous la faire sentir en quelque sorte en m'honorant de vos ordres. Quand vous aurez occasion de m'envoyer quelque chose vous pourrez-y joindre les diplomes.

Z 3 　　　　Les

Les nouvelles ont bien changé depuis
quelques semaines . Le Roi vient de remporter la plus glorieuse victoire et la plus
féconde en conséquences . Nous voila aux
portes de la paix j'espére , qui ne pourra
être que stable et glorieuse, ainsi que la
guerre que le Roi a soutenue pendant
cinq campagnes . Les muses vont retourner à Berlin . Vous allez les caresser
plus que jamais . J'espére que nous verrons vos *annales typographiques* . Vous prenez une autre forme pour nous instruire ,
et pour nous plaire .

On m'a promis les *facéties parisiennes* .
Vous avez bien raison de dire que les François de France ont la tête bien verte Je
crois que ces mss. seront mal en Allemagne d'abord que Dresde aura été reprise .
Le Roi pourroit bien leur envoyer quelque
compliment à Goettingen ou à Cassel .

Je vous prie de me dire s'il est vrai
que les Russes ou Autrichiens, ayent enlevé tous les trophées des ennemis que nous
avions dans les églises de Berlin; et je
vous prie aussi de me dire s'il est vrai
que les premiers ayent conduit avec eux

la

la plus part des ouvriers, et de manufa-
cturistes de la capitale.

On dit ce Tottleben pris. Sa seconde
entrée à Berlin ne sera pas tout à fait si
brillante que la première.

J'ai l'honneur d'être avec tous les sentimens de la reconnoissance, et de l'estime la plus parfaite.

✶○✶○✶○✶○✶○✶○✶○✶○✶○✶○✶○✶○✶

D I

F O R M E Y

XXVII.

Berlin le 4 Janvier 1761.

Je souhaite que vous ayez heureusement
commencé l'année, et que vous la passiez
avec un grand nombre d'autres comblé de
prospérité. Continuez-moi votre précieuse
amitié, et soyez persuadé de mon inviolable dévouement.

Je suis charmé que vous soyez content

de

de mon exactitude, et de mon empressement à m'acquitter de tout ce qui peut
vous faire plaisir. Voici les diplomes des
trois nouveaux académiciens, que je vous
prie de leur faire parvenir.

Voici, monsieur, le premier mois de mes
annales typographiques : vous y trouverez de
nouvelles preuves de mes sentimens pour
vous, et de ce que je pense de vos ouvrages. J'y joins une petite brochure que
j'ai faite à la fin de l'année derniere pour
d'aimables demoiselles de la première qualité qui sont en pension chez la soeur de
ma première femme.

Je vous renvoie la lettre de Bianchi telle que je l'ai reçue ; je n'en ai que faire.

Le Roi est en parfaite santé, et de fort
bonne humeur à Leipzig. Il fait venir de
tems en tems les principaux professeurs,
Gottsched, Ernest, Winkler, Gellert. Il
a surtout goûté ce dernier. Les recrues
et les préparatifs pour la campagne prochaine se font avec une extreme vigueur ; et
avec tout le succès imaginable. Ainsi il
faut s'attendre à de nouveaux événemens.

Le marquis d'Argens est allé passer l'
hyver

hyver à Leipzig auprès de son gracieux maître. Il vient de m'écrire une lettre fort intéressante pour l'Académie, dans la quelle il dit que S. M. après avoir confirmé l'élection de mr. Marggraaf en qualité de Directeur à la place de mr. Eller, assure l'Académie qu'elle ne la perd point de vue, et qu'immédiatement après la paix, elle en prendra un soin tout particulier, lui rendra une nouvelle vigueur, et reglera les choses *à la satisfaction de tous les académiciens*. Puisse être bientôt accompli ce généreux et royal dessein.

Les Russes pendant leur sejour à Berlin ont vuidé l'arsenal, l'écurie et les autres magazins, et en ont tiré en particulier les drapeaux et trophées qui s'y trouvoient. Je ne sais pas qu'ils ayent rien ôté de ce qui étoit dans les églises. Ils n'ont point amené avec eux d'ouvriers, et de manufacturiers. Ils se sont bornés aux cadets, et à la garnison : encore la meilleure partie a-t-elle été soustraite à leurs recherches.

Tottleben n'a point été pris. Je serois fâché qu'il lui arrivât quelque malheur.

C'est

C'est à lui, selon moi, que Berlin doit son salut. Tout autre général y auroit usé d'une bien plus grande rigueur.

Je traduis l'*Histoire diverse d'Elien* a laquelle je joindrai son *traité des animaux*. Je n'ai pu découvrir, quoique j'aye fait des recherches assez exactes, que ces deux ouvrages ayent jamais été traduits en français, et j'en suis surpris; car ils me paroissent tout à la fois instructifs et agreables.

J'ai l'honneur d'être avec les sentimens les plus distingués et les plus inaltérables.

DEL CONTE

ALGAROTTI

XXVIII.

a Boulogne le 28 Fevrier 1761.

Je viens de recevoir les diplomes des nouveaux académiciens, et de nouveaux et précieux gages de votre amitié dans le livre *sur l' éducation, et les annales typographiques.* J'ai donné le premier à une dame de mes amies qui a une fille digne d' être élévée selon vos principes; et je conserve l' autre bien soigneusement auprès de moi comme un témoignage de vos bontés. Je vous en rends les graces les plus vives, et vous prie de me mettre à même de vous donner quelques marques de ma reconnoissance.

Il y a quelque tems que vous devriez avoir reçu les lettres de remerciment des mss. Zanotti. Mais par un contretems singulier

gulier

gulier ces lettres ont été arrêtées à Ferra-
re plus que six semaines. Vous allez les
recevoir, et je vous prie d'en informer l'Académie. Je suis charmé et point du tout
étonné de la protection que le Roi lui ac-
corde toujours, et je vois bien par votre
silence que la nouvelle de l'élection d'un
nouveau président dans la personne de mr.
d'Alembert étoit prématurée.

Je suis charmé d'apprendre que le Roi
est en bonne santé.

*Nil desperandum Teucro duce, et auspi-
ce Teucro.*

Je vous rends graces des nouvelles que
vous me donnez touchant ce que les Russes ont fait à Berlin. Je vois avec plaisir
qu'ils n'y ont pas fait tout le mal qu'on
avoit débité.

Je vous rends graces aussi de la lettre
que vous m'avez renvoyé de notre singulier confrére, mr. Bianchi.

Je suis fort curieux de voir le second
tôme de l'histoire de Russie par Voltaire
qu'on dit être dans un état de santé fort
languissant; et je suis charmé d'apprendre, que vous travaillez, monsieur, à un

ouvra-

ouvrage qui augmentera nos conoissances et enrichira la langue Françoise des travaux d'un des bons écrivains de l'antiquité.

J'ai l'honneur d'être avec tous les sentimens de l'amitié, et de l'estime la plus sincere.

* * * * * * * * * * * * * *

D I
F O R M E Y

XXIX.

Berlin le 10 *Mars* 1761.

Votre correspondance produit un double effet sur moi; elle me réjouit, et m'attriste. En lisant vos lettres, je regrette votre présence, et je voudrois que nous eussions pu vous conserver. Si les marques de votre affection m'ont été précieuses en tout tems, combien ne me le seroient-elles pas à présent que notre horison est si nubileux, et que l'état anarchique de notre

tre Académie la rend si désagréable. S.
M. a cependant encore, depuis ma derniere renouvellé avec plus de force les assurances du soin tout particulier qu'elle
veut prendre de l'Académie, immediate-
ment après la paix. Puisse cette heureuse
époque ne pas se faire trop attendre. Les
commencemens de la campagne ont été
assez heureux par rapport aux opérations
des alliés ; mais il en est de la fortune des
armes comme de celle du jeu ; la chance
tourne, et un instant change la face des
affaires.

Mon cabinet est un asyle ou je continue à jouir d'un doux repos, dont le
siege est assez à l'abri de toutes les attaques du dehors. Le pere Hardouin disoit, qu'il ne se levoit pas à 4 heures du
matin pour dire ce que les autres avoient
dit. J'oserois dire que je ne réfléchis pas
depuis vingt ans sur l'homme, et le monde pour penser comme le vulgaire.

Je me suis embarqué dans un travail d'
assez longue haleine. C'est la traduction
d'un ouvrage de politique, publié il y a
plus d'un siecle. Il est intitulé *Disserta-
tio*

tio de Ratione Status in Imperio nostro Germanico, Auctore Hippolitho a Lapide. Des personnes considérables s'intéréssent à cette traduction ; et j'ai déféré à leurs désirs quoique cela me cause une distraction de quelques mois. J'avois achevé de traduire l'*histoire diverse* d'Elien ; mais comme je veux y joindre des observations, je ne la mettrai en état de paroître qu'après la présente besogne.

Quand je recevrai les lettres de mss. Zanotti, je les présenterai à l'Académie. La porte de notre compagnie est à -present fermée de la maniere la plus étroite. *Beati possidentes*.

Il y a longtems que nous avons ici le premier tome de l'histoire de Russie par Voltaire ; et cependant je n'ai pas encore eu la curiosité de le lire. Il faudra bien que ce chantre du grand Henri aille dans un autre séjour, ou il pourroit bien ne pas se trouver avec le Heros qu'il a chanté. Mais tant qu'on ne parle que de sa santé languissante, je ne m'y fie pas. Il se donne pour infirme, et moribond depuis quarante ans.

Avez

Avez vous lû, monsieur, *l'art de peindre* de mr. Watelet? Il y a de belles choses, et dans le poëme et dans les notes qui le suivent. Je l'ai trouvé marqué au coin de la bonne poesie, qui est, selon moi, celle de Boileau.

Nous attendons tous les jours le marquis d'Argens qui a passé quelque tems avec S. M. à Leipsig; et sans la crue des eaux je crois qu'il seroit déja de retour.

Je vous réitere du meilleur de mon coeur les assurances du respectueux dévouement avec le quel j'ai l'honneur d'être.

DEL CONTE

ALGAROTTI

XXX.

à Boulogne le 7 Avril 1761.

J'allois prendre la plume pour entretenir avec vous, monsieur, un commerce qui m'est si agréable et si utile, lorsque je reçus votre lettre du dix du mois passé. Vous avez bien raison de souhaiter la paix pour que le Roi soit en état de répandre des nouveaux bienfaits sur l'Académie. On me mande de Paris que d'Alembert pourroit bien être ńotre nouveau président.

J'espere que vous aurez reçu à l'heure qu'il est les lettres de remerciment des mss. Zanotti, et ne doute pas que vous aurez trouvé fort belle celle du Formey de l'Académie de l'Institut. Vous avez donc fermé la porte de l'Académie pour le présent? Il y a en Italie mr. l'abbé Passeri très-connu pas ses *lucernæ antiquæ*, *gemmæ astropheræ*, *selæcta monumenta Etrusca*, qui souhaiteroit très fort d'y avoir entrée. Une fois que la porte se rouvrit je crois que l'Académie feroit en lui une très bonne acquisition pour la classe des érudits. D'autant plus qu'il nous pourroit fournir quelque mémoire en ce genre.

Je vous dois bien de remerciments, monsieur, de l'extrait de mes *lettres sur la Russie* que j'ai lû dans le Journal encyclopédique. J'espére que ma *vie d'Horace* vous sera parvenue, et que vous n'aurez pas été mécontent de l'épître au Roi. Votre jugement sera ma régle. Εἶσ ἐμοὶ μύριοι; comme disoit Ciceron à Atticus. C'est bien dommage que vous ne pussiez continuer vos illustrations sur *l'histoire* d'Elien, et que vous deviez interrompre votre bel ouvrage pour une traduction.

Il me semble que je vous ai mandé qu' on a traduit dernièrement dans notre langue un de vos ouvrages (les *consolations*) et qu'on vous lit en Italie avec le plus grand plaisir.

J'ai reçu de Paris la magnifique édition, et

et le beau poëme sur *l'art de peindre*. Je suis charmé d'en avoir apporté le même jugement que vous. Honorez-moi de vos ordres : que je sois pour vos commissions en Italie votre proconsul ; aimez-moi et croyez que j'ai l'honneur d'être avec tous les sentimens de l'amitié la plus tendre, et de l'estime la plus parfaite.

Mes remercimens aussi à mr. de Merian, a qui je dois en partie l'extrait des *lettres sur la Russie*, selon qu'il me semble que vous m'avez mandé autrefois.

DI

FORMEY

XXXI.

Berlin le 29 Septembre 1761.

Il y a si longtems que je n'ai eu l'extreme satisfaction de m'entretenir avec vous, que je ne puis soutenir plus longtems d'en être privé.

Nous approchons de la fin de l'année qui, s'il n'y a point *in cauda venenum*, peut passer pour nous être très avantageuse. Le Roi tient jusqu'ici en échec ces deux armées réunies dont la jonction paroissoit si formidable. Le prince Henri en fait autant vis a vis du marechal Daun. Et l'on espere que les Russes échoueront devant Colberg pour la troisieme fois. Jamais assurément l'histoire politique et militaire n'a présenté des évenemens pareils à ceux dont nous sommes témoins. Cependant la paix de-

devient tous les jours plus desirable, et plus nécessaire; les dévastations des provinces sont horribles. La cherté va en augmentant; et les mauvaises especes achevent la ruine des citoyens.

Au millieu de tout cela ma philosophie, Dieu soit loué, se soutient et me soutient. Jamais je n'ai joui, ni d'une plus ferme santé, ni d'un plus grand calme intérieur. Mon cabinet est inaccessible aux allarmes et aux soucis; je goûte le plaisir du travail, j'y joins celui des amusemens; et une acquiescence parfaite aux desseins de la Providence m'ôte toute inquiétude de l'avenir. Je ne fatigue le ciel ni par d'injustes plaintes ni par des voeux inutiles; Je m'en tiens à la priere : *ne me donne pas ce que je te demande; mais fai-moi vouloir ce que tu me donnes.*

Mes *principes de morale*, qui s'impriment à Leyde, ne tarderont pas à paroître. J'ai une *histoire ecclèsiastique* sous presse à Amsterdam; mais quelques difficultés avec le libraire la retardent. Ma traduction d' *Hyppolite à Lapide* s'imprime à Berlin, ou le papier manque. Actuellement ayant

A a 3   fini

fini mon travail sur l'*histoire diverse* d'
Elien, je suis occupé à la traduction de
Maxime de Tyr, qui me cause un plaisir
infini. Je viens aussi de donner l'*esprit de
Julie*; c'est un extrait du fameux roman
de J. J. Rousseau, et je travaille regulie-
rement pour le *Journal encyclopédique*, et
mes *Annales typographiques* paroissent tous
les mois. De cette maniere je ne tue pas
le tems, mois je le vivifie, ou du-moins
je le rends agréable pour moi.

Le marquis d'Argens a traduit du Grec
Ocellus Lucanus et *Timée de Locres*, sur
lesquels il a fait un commentaire philosophique, critique, morale etc. Cela sera
bientôt *publici juris*.

Nos mémoires de l'Académie sont toujours
acrochés. Nos assemblées vont leur train,
et les jettons les rendent plus nombreu-
ses. Mr. de Francheville vient de nous lire deux mémoires sur les navigations de
Tharsis et d'Ophir. Il pretend que Tharsis est la petite ile de Thasos, ou Tasso,
au fond de la mer Egée.

J'ai l'honneur d'être avec un dévouement respectueux.

DEL CONTE

ALGAROTTI

XXXII.

Pise le 26 Nov. 1761

Il est bien tems que je fasse réponse à
la lettre, dont vous m'avez honoré. Mais
vous êtes philosophe, et vous savez pardonner les fautes de l'humanité. Que de changemens arrivés depuis le 14 mai ! Mais graces à
Dieu tout va bien ; la tournure ne nous'est
pas si contraire, qu'il a paru d'abord ; et j'espére que nous prendrons Schveidnitz tout
comme si les Russes étoient encore de la
partie.

Je suis charmé d'apprendre que la république des lettres s'enrichisse tous les
jours des productions nouvelles de votre
esprit. J'espére bien d'en profiter aussi.

On a fait une nouvelle edition à Venise

Aa 4 de

de mes *lettres militaires* que j'ai dédiées
au prince Henri ; et l'on en fait une nouvelle des *lettres sur la Russie* que je compte dédier au prince Ferdinand . Mon *essai sur Horace* étant dédié au Roi ; j'aurois fait la cour au plus grand triumvirat
militaire qui ait jamais été .

Je vous prie bien de dire de ma part
les choses les plus tendres à mss. Cagnoni et Bastiani ; *animæ queis neque candi-
diores terra tulit, neque queis me sit devin-
ctior alter* .

J'ai lu ces jours passés l'*Esprit* d'Hel-
vétius . Je voudrois bien en savoir le jugement d'un homme tel que vous : quoiqu'il vous cite plus d'une fois avec les
éloges qui vous sont dus, votre jugement
ne sera pas moins impartial . Je suis dans
un pays tout rempli de votre nom . Et
quel pays pourvû qu'il ne soit pas barbare,
ne l'est il pas? Ma mauvaise santé m'a
fait resoudre de venir passer l'hyver sous
le ciel doux et tempéré de Pise . Je sens
déjà le benefice de cet air, et j'espére de
me remettre avec le tems . Quoique je sens
bien que dorénavant il me faudra une die-

te bien exacte, et beaucoup d'égard pour me bien porter; *quod caput est*. Vous êtes bien heureux de vous porter bien sous tant d'égards, mais aussi vous le méritez bien. Conservez-moi une amitié qui m' est si précieuse, et croyez que personne ne vous aime, et ne vous honore autant que votre etc.

DI

FORMEY

XXXIII.

Berlin le 30 *Decembre* 1762.

Je serois bien fâché que ma correspondance vous gênât, mais j'avoue que je le serois encore plus qu'elle prit fin. Elle m' a toujours été extrêmement précieuse : et je m'en fais gloire, même aux yeux des gens qui ont un levain de rancune contre vous.

Quels évenemens, monsieur, que ceux qui se passent de notre tems! Quelles révolutions! Celle de Russie est assurément une des choses les plus mémorables qu'on lise dans l'histoire. La premiere nouvelle fut un coup de foudre le plus accablant pour les bons Prussiens: on étoit à peu près dans le cas des criminels qui ont la corde au col. Heureusement la crise ne

dura

dura que 3 ou 4 jours : et par une nouvelle merveille l'horizon nubileux s'éclaircit. Il semble à présent que l'Imperatrice
veuille se mêler de nos démêlés avec la
Saxe. Il est impossible de prévoir l'issue
de pareilles combinaisons. A mesure qu'
on a des succès ou des échecs, ce sont
des poids qui passent d'un bassin de la
balance à l'autre; l'equilibre ne se trouve jamais. La prise de Schveidnitz nous
a tiré une grande épine du pied. Notre
ami le Febure y süoit sang et eau; et je
m'interessois bien vivement pour lui. Le
Roi a eu une constance admirable, et a
enfin fait ce coup de maître, non sans en
payer la façon; mais ç'auroit été la payer
doublement que d'échouer.

Notre Académie va toujours son petit
train. L'introduction des jettons a rendu
les membres plus assidus. L'impression de
nos mémoires demeure toujours suspendue.
Heureusement les pensions se payent; et
même en meilleur argent que celui qu'on
tire des caisses du Roi, lorsqu'on en tire; car les gages des officiers ecclésiasti-
ques, civils etc. sont de nouveau suspen-

dus

dus pour un an. A cela se joint une cherté excessive, que des causes innombrables
font aller tous les jours en augmentant.
Le pain est rare au point que les maisons
des boulangers sont journellement assiégées
par la populace. Le bois manque aussi:
enfin rien de plus déplorable. Il est pourtant vrai que d'autres lieux sont encore
plus à plaindre, par exemple Cassel, objet
digne de la plus grande compassion.

Ces raisons ont engagé mr. Cagnoni à
vouloir nous quitter. Il a correspondu avec
le Roi sur ce sujet; il n'y a point d'éxce-
ption à espérer pour lui: je ne sai quel
parti il a pris ou prendra; les rapports qu'
on m'a faits à ce sujet ont varié; et il y
a assez longtems que je n'ai eu l'honneur
de le voir. Pour l'abbé Bastiani, il n'a
point du tout l'air de s'excéder par le jeû-
ne et les macérations. Il est le bien venu
dans toutes les bonnes compagnies, parce-
qu'il en fait un des ornemens. Notre comte
de Redern est absent: on a dit qu'il passoit en Angléterre pour des affaires d'intérêt, ou si vous voulez de commerce.
Cela retardera les progrès de l'optique, a

la quelle il s'applique beaucoup. Madame Horguelin sa bellemere est morte.

Bielfeld est ici, et sur le pinacle, logé au palais Ferdinand. Il a accompagné le Prince à sa réception comme Grand-Maître, et l'on dit qu'il demeure attaché à son service. Cela ne nuira pas à ses affaires qui passent pour un peu délabrés. J'en serai bien aise : c'est une ancienne connoissance, et un bon humain.

Mr. le marquis d'Argens, a donné son *Timée de Locres*, qui ressemble à l'*Ocellus Lucanus*, qui l'avoit précédé. Tous deux ensemble sont la clôture, et la couronne de la *philosophie du bon sens*.

Il y a une très jolie petite édition des oeuvres du Roi, à l'instar des petits Poetes Latins imprimés en Hollande. Le lecteur Catt est toujours auprès de S. M. C'est un homme tout d'or pour la candeur. Il s'est fiancé avec une dlle. Kühn. Beguelin est à Magdebourg avec sa moitié Pelloutier Kühn, qui lui a donné un fils charmant.

Je viens de lire avec une extreme satisfaction un ouvrage tout nouveau. Ce sont

les

les *Considerations sur les corps organisés,*
par mr. Bonnet de Genéve, membre de
diverses Académies, connu depuis longtems
par son *traité d'insectologie,* ou se trouve
la decouverte des pucerons, ses *recherches
sur les feuilles,* et en dernier par un *essai analytique sur les facultés de l'ame.*
Les Considerations me paroissent surpasser
tous les autres; c'est la réunion la plus
exacte, et la plus lumineuse de tous les
faits qui concernent le grand mystere de la
génération, avec les resultats les plus exacts
qu'on en puisse tirer. Mrs. de Buffon, et
de Maupertuis n'y sont pas jugés favorablement, quoiqu'avec une parfaite décence.

Il me reste, monsieur, à vous parler
du livre que je prens la liberté de vous
envoyer. Je ne sai si le fameux *Emile* de
J. J. Rousseau a été lu dans vos quartiers;
mais vous n'ignorez pas le bruit qu'il a
fait dans toute l'Europe. J'ai cru pouvoir
et devoir y faire les remarques qui composent l'*Anti-Emile;* je souhaite fort de
savoir le jugement que vous en porterez.

Je vous prie en particulier, monsieur,
de faire attention au mémoire intitulé *Réunion*

nion des principaux moyens etc. Que pensez-vous de la route que j'ouvre : il me semble que, si elle ne conduit pas à la solution du problême, elle peut occasionner du moins bien des observations, importantes. Au reste l'introduction à l'*Anti-Emile* contient la réponse la plus exacte à la question que vous me faites, au sujet du livre *de l'esprit.* Voilà ce que je pense des ouvrages de cette nature : et je voudrois pour le bien du genre humain que tout le monde pensât de même.

Je vous prie de faire attention à ce que j'ai dit du Gouvernement de Venise contre une sortie indecente par la quelle Rousseau l'avoit attaqué. Voudriez-vous bien dans l' occasion , faire connoître cette marque de mon zele aux principaux de cette Serenissime Republique ? Elle a quelquefois témoigné faire attention aux hommages des écrivains, et celui-ci regarde une chose qui tient à son honneur.

Je vous envoie le nouveau programme de l'Académie. C'est mr. le marquis d' Argens qui a fourni la question sur la puissance des Papes.

Nous

Nous achevons l'année dans la douce at‑
tente de cette paix avec l'Autriche qui fer‑
meroit le Temple de Janus. On en parle
fort depuis quelque jours ; mais bien de
gens n'ajoutent pas une pleine foi a ces
bruits. Notre grand prince Henri tantôt Fa‑
bius, tantôt Annibal étoit attendu à Ber‑
lin ; mais cela a changé, et il est allé à
son quartier en Saxe.

J'espére, monsieur, que le changement
d'air sera favorable à votre santé ; et je
le souhaite de tout mon coeur ; joignant
a ce voeu tous ceux qu'inspire le renou‑
vellement de l'année à un coeur qui vous
est veritablement devoué. C'est dans ces
sentimens que je me ferai gloire d'être tou‑
te ma vie.

DEL CONTE

ALGAROTTI

XXXIV.

à Pise ce 11 *Mars* 1763.

Par le canal de mr. l'abbé Laugier j'ai reçu votre lettre du 30 decembre de l' année passée il n'y a pas huit jours. De sorte qu'il me paroît que nous sommes devenus presque antipodes. Elle m'a fait beaucoup de plaisir, puisqu'elle contient tant de marques d'une amitié qui m'est aussi chére, et aussi précieuse que la votre.

Je me flatte qu'à l'heure qu'il est vous aurez reçu l'exemplaire des *lettres militaires*, puisque mlle. de Dankelmann qui sera maintenant à Berlin me mande qu'elles sont arrivées. Je n'ai pas encore eu votre *Anti-Emile*. On doit m'envoyer avec

Tom. XVI.   B b   d'au-

d'autres livres. ce livre à Boulogne, ou je
comptois être à la fin de ce mois. Mais
je vois bien qu'il me faudra prolonger mon
séjour ici encore quelque tems. Ma toux
ne veut pas me quitter, et de tems en tems
il paroît du sang avec les crachats. Je n'
ai donc pas encore lu un livre que je lirai avec le plus grand empressement : d'
autant plus que vous me mandez qu'il interesse ma patrie. Je ne manquerai pas,
monsieur, de faire connoître cette marque de votre zéle à quelqu'un des principaux de la République, qui vous en saura
sans doute un gré infini.

Je vous félicite, et je me félicite de la
paix glorieuse que le Roi vient de dicter
en pays ennemi. C'est à présent qu'il va
faire refleurir les arts, et les sciences après
son entrée triomphale dans Berlin. Que
ne puis-je être au nombre de ceux qui le
verront entrer ce père de la patrie, cet
homme mémorable à jamais, l'honneur de l'
espéce humaine, qui a rendu sa nation l'admiration de l'univers; et lui battre des
mains! Mais je les lui bats de loin, et je
me trouve partout environné de ses admi-

ra-

rateurs. Vous allez plus que jamais déployer votre éloquence, dont nous avons vû un tel échantillon dans la dernière assemblée publique de notre Académie.

Je vous prie de faire insérer dans quelque journal un petit extrait des *lettres militaires*, et la traduction surtout de la dedicace au prince Henri. On m'a dit que dans le dernier volume des *mémoires de l'Académie des Inscriptions* il y a une dissertation sur un sujet que j'ai traité dans une des lettres qui est dans cette nouvelle édition, et qui avoit été imprimée quelque tems auparavant dans un journal de Venise dont le titre étoit *Memorie Storiche etc.* C'est celle qui traite de la science militaire de Virgile. Il ne m'a pas été encore possible de voir ce volume de l'Académie des Inscriptions. Vous aurez la bonté après de me marquer dans quel journal sera le petit extrait: et la faveur seroit complette si vous voudriez m'envoyer la feuille qui me regardera. Honorez moi de vos ordres et comptez que je ne souhaite rien si passionément que de vous donner quelque marque de l'amitié parfai-

te,

re, et de l'estime sans égal avec lesquelles j'ai l'honneur d'être, monsieur etc.

✳○✳○✳○✳○✳○✳○✳○✳○✳○✳○✳○✳

D·I

FORMEY

XXXV.

Berlin 19 Mars 1764.

Ou êtes-vous, monsieur? Je vous ai perdu de vue à mon grand regret, et il y a bien longtems que je ne vous ai renouvellé les assurances de mes sentimens inviolables, et de l'intérêt que je prens à tout ce qui vous concerne.

L'état chancelant de votre santé dans ces dernieres années me fait surtout souhaiter d'apprendre qu'elle s'est affermie, et qu'elle promet de vous soutenir jusqu'à l'age fontenellien.

Pour moi je tire toujours assez bon parti

ti de ma foible constitution; cet hyver sur-
tout qui a été extrêmement doux dans nos
quartiers, a été un vrai bienfait de la nature pour moi. Je profite, avec reconnoissance envers l'Auteur de mon être de ce
qui me reste de forces et de vie, pour m'
occuper de la maniere que je crois la plus
utile pour moi-même et pour les autres.
On vient d'achever l'impression du *véritable Emile*, dans lequel j'ai substitué aux
morceaux dangereux de l'*Emile* de Rousseau des remplissages ou la saine doctri-
ne est mise dans son jour, autant que j'
en suis capable. J'ai un *traité de morale
pratique* sous presse à Leyde; et j'acheve
un autre traité sur *l'éducation morale* que
je destine à la Société de Harlem qui a
proposé ce sujet. Vous verrez aussi, monsieur, par la feuille ci-jointe que je me
suis laissé associer à une entreprise, du succès de laquelle j'augure assez bien.

On vient d'imprimer en français et en
allemand la *description de la Gallerie et
du Cabinet de Sans-souci*.

Notre Académie est toujours acéphale.
Elle a perdu *novissime* mr. Ludolff, bou

phy-

physicien, et honnête homme. Nous venons d'acquerir un jeune Bernoulli, fils de Jean, d'une petite figure à peine d'adolescent, mais qu'on dit digne du nom qu'il porte. Le Roi l'a vu, et lui fixera une pension. Mr. de Castillon, Italien d'origine, (Castiglione) arrivera dans peu de jours pour être professeur d'une école militaire que S. M. va fonder.

J'ai vu mr. d'Alembert, et l'ai assez vu pour en conserver une idée distincte. Elle est toute à son avantage. Je voudrois que nous l'eussions pour Président; mais j'ai peine à me le persuader.

Le marquis d'Argens devient toujours plus valétudinaire, ou plus hypocondre.

Vous aurez vu dans les journaux le récit de notre assemblée Turque du 31 decembre dernier. Cela valoit la fin du *Bourgeois Gentilhomme*.

J'ai eu cette semaine une lettre de mr. Bianconi de Dresde, qui demandoit l'aggrégation de mr. de Carburi; mais je lui ai répondu, suivant l'exacte vérité que nous étions dans le cas des cardinaux, à qui le Pape n'avoit pas ouvert la bouche.

Vos

Vos muses sont elles en lethargie? Je ne saurois vous croire oisif, si vous avez encore des heures favorables pour le travail.

Que dites-vous de Bielfeld chevalier de s. Anne pour avoir fait des institutions politiques, qui effacent Montesquieu, et depuis des *lettres familieres*, dont rien n'égale la familiarité? *O sæculum insipiens et inficetum!*

Je vous prie, monsieur, de me donner bientôt de vos nouvelles, de me continuer votre amitié, et d'être assuré du retour le plus parfait, aussi bien que du respect avec lequel j'ai l'honneur d'être.

LETTERE

DEL CONTE

ALGAROTTI

XXXVI.

à Pise le 9 Mai 1764.

Ou serois-je donc, monsieur, que dans mon infirmerie d'hyver? Je vins ici fort mal réduit; depuis huit ou dix jours je commence à me remettre; mais je ne me flatte pas de faire les prouesses que vous faites tous les jours. *Vixi puellis.*

Le tems que je puis respirer je le consacre à l'étude selon le train ordinaire de ma vie. *Quisquis erit vitæ scribam color.* On a même commencé en Toscane une édition, de mes babioles qui ira à quelques volumes. Le premier va paroître dans 15 jours au plus tard. Indiquez-moi un moyen sûr afin que je puisse vous faire tenir ces volumes à mesure qu'ils verront le our.

Je

Je suis fâché, que notre Académie soit toujours acéphale. Je ne me flatte pas d' y voir à la tête un Président tel que mr. d'Alembert. Qui est ce courageux mr. Dupleix qui est allé en Russie à sa place?

Je suis charmé de l'acquisition que vous avez fait de mr. Castillon. Il a donné des preuves non équivoques de son habilité; et de celle que vous avez faite d'un jeune Bernoulli.

Qu'est ce que c'est que le cordon de s. Anne? n'est-ce pas un ordre de Russie? On avoit dit que la Czarine avoit commenté les *Institutions* de mr. de Bielfeld. J'ai lu derniérement ses *lettres*. Je ne les commenterai assurément pas.

Je joins une réponse à mr. Euler. Aimez-moi, donnez-moi souvent de vos nouvelles, honorez-moi de vos ordres et croyez que j'ai l'honneur d'être etc.

LETTERE

DI MADAMA

DU BOCCAGE.

LETTERE

DI MADAMA

DU BOCCAGE (1)

I.

De Paris ce 1 *Fevrier* 1749.

J'ai eu trop souvent l'honneur de vous
voir dans ce pays - ci , monsieur , avec
mr. de Locmaria , et mr. l'abbé de Franchini pour croire que je sois entièrement
effa-

(1) Fra le donne celebri , che hanno bril-
lato nel campo della letteratura francese , Ma-
rianna le Page du Boccage , merita di occupa-
re un posto distinto . I titoli della sua riputazione sono affidati a molte opere di vario genere in versi ed in prosa ch'ella diede in luce , e particolarmente al suo poema della
Colombiade, alla sua tragedia delle *Amazoni*,
alla

effacée de votre mémoire ; et je fais trop
de cas de votre gout pour les belles lettres pour ne pas vous faire part d'un ouvrage que j'avois fait pour mon amuse-
ment, et qu'on m'a conseillé de donner
au

alla sua parafrasi del *Paradiso perduto* di
Milton ; oltre le graziose *lettere* sopra i suoi
viaggi di Francia e d'Italia. Al talento dello
spirito ella seppe accoppiare il merito della
dottrina, per cui le fu aperto l'ingresso nelle
più celebri accademie, e riscosse la stima e
gli omaggi de' letterati più illustri. Fu amica costante e cordiale di Algarotti, come rac-
cogliesi del carteggio che or se ne pubblica,
e del quale dobbiamo alla di lei gentilezza
tutta quella parte che da lui fu scritta. Ella
serbavala gelosamente dopo tant'anni, e ce ne
fè coppia affinchè ne adornassimo la nostra
edizione per mezzo del non mai abbastanza
lodato sig. cav. Ippolito Pindemonte, nome
tanto caro alle lettere ed all'amicizia. Questa
illustre donna vive ancora, per quanto sappia-
mo, nella più verde vecchiezza, e riposa all'
ombra degli allori che il suo merito straordi-
nario le ha fatti crescere intorno nella di lei
gioventù.

au public. Vous connoissez Milton dans
sa langue ; je ne sais si vous reprouverez
les changemens que j'ai faits à son Poëme dans la mienne. Je serois fort flattée
de mériter votre suffrage ; il me mettroit
en credit dans la cour spirituelle ou vous
brillez, et me donneroit bonne opinion de
mes foibles talents, que mes compatriotes ont
bien voulu flatter de leur approbation. J'
ai l'honneur d'être, monsieur, etc.

○○*○*○*○*○*○*○*○*○*○*○*

DEL CONTE

ALGAROTTI

II.

Berlin 15 Fevrier 1749.

Mr. Girard marchand français m'a remis ces jours passez votre *Milton* et votre
lettre. Jamais, madame, il n'est rien sor-
ti de plus beau de chez-lui. Je suis péné-
tré de reconnoissance pour l'une, et d'
admi-

admiration pour l'autre. L'Angleterre, madame, ne peut pas assurement être fâchée de ce que vous avez retranché de son Poete. La France doit être charmée des nouvelles beautez que vous avez transmis dans sa langue, et de ce que vous avez fait voir que la poesie françoise pouvoit atteindre *Milton's strong pinion* : et l'Italie, madame, doit vous mettre a juste titre au dessus des Gambara, des Colonna, et de toutes ces femmes

Che il biondo crin di verde lauro ornaro.

J'ai eu occasion, madame, de parler plus d'une fois de votre bel ouvrage au Roi, qui en est aussi grand admirateur. C'est parler de Sappho a Apollon.

Oserois-je, madame, vous supplier d'une nouvelle grace après celle que vous venez de me faire? C'est de faire insérer dans le Journal de Trevoux la lettre ci-jointe. Elle vous dira assez les raisons que j'ai de la rendre publique. J'aurois pû, madame, m'adresser à d'autres qu'à vous; mais permettez-moi de vous dire que

que j'aime a vous devoir plus qu'à tout autre.

J'ai l'honneur d'être etc.

✦○✦○✦○✦○✦○✦○✦○✦○✦○✦○✦○✦

DI MADAMA

DU BOCCAGE

III.

Paris 20 Avril 1749.

Je n'ai pû persuader aux péres Jesuites, monsieur, qu'ils ne devoient point me refuser d'insérer dans leur Journal la lettre que vous m'avez envoyée. Le mot de *Cythére* les a effarouchez; et il ne leur convient point, a ce qu'ils prétendent. J'ai eu recours au *Mercure*, qui l'imprime actuellement. La piece aura plus de publicité en France; Je ne sai si elle en aura autant dans les pays etrangers. Je voudrois qu'il m'eut été possible de remplir plus exactement ce que vous me faisiez l'honneur de me demander.

Ne peut-on plus espérer de vous voir dans ce pays-ci, monsieur? et Berlin a-t-il entièrement effacé Paris dans votre esprit? Je sens bien qu'il est difficile de s'éloigner d'un Roi aussi aimable homme de lettres, que grand homme d'état. Mais du moins-ici si vous étiez privé du plaisir de l'entendre pour quelque tems, vous entendriez souvent vanter sa prose, ses vers et son gouvernement. Je ne suis point etonnée qu'il ait desiré de vous attacher a sa personne; ne le soyez point non plus que les gens qui ont joui de votre compagnie pendant votre séjour en France souhaitent de vous y revoir.

J'ai l'honnenr d'être etc.

★○★○★○★

★○★○★

★○★

DEL CONTE

ALGAROTTI

IV.

Potzdam 4 *Juin* 1749.

Je viens de voir ma lettre dans le *mercure :* et je l'y ai vue, madame, avec d' autant plus de plaisir, que c'est par vous-même qu'elle y a été inserée. Je pardonne aux pères Jesuites d'avoir été effarouchez au mot de *Cythere* aux noms de *miledy Gravely*, de *madonna Beatrice ;* mais je leur ne pardonne pas d'avoir pû refuser quelque chose a mad. du Boccage. Ils ont fait ce que n'auroient sû faire ni les anges ni les diables que vous avez si bien chanté. Vous me dites, madame, des choses bien obligeantes dans votre lettre. *Non obtusa adeo gestamus pectora* dans ce pays-ci, que le souvenir de Paris puisse s' effacer de notre esprit. En tout cas, madame, vous seriez bien capable de le regraver dans notre coeur. J'ai bien envie de revoir Paris, et je vous assure, madame, que le Milton françois en est une bien forte raison. Autant épris de vos talents et de vos graces que mr. Guichard, je ne serois pourtant pas un aussi austere philosophe que lui, et vous devriez bien, madame, me pardonner d'oublier mes classes auprès de vous. En attendant, madame, que je puisse avoir l'honneur de vous faire ma cour de près, j'ai celui d'être avec toute l'estime, la reconnoissance et le plus profond respect.

★○★○★○★○★

★◑★○★○★

★○★○★

★○★

DELLO STESSO

V.

Berlin le 4 Novembre 1749.

Un voyage que j'ai fait en Silesie est cause, madame, que je m'acquitte si tard de
ce que je vous dois il-y-a longtems. J'ai
reçu, madame, votre belle tragédie des
Amazones. Vous renouvellez leur regne
dans le Parnasse, *audesque viris concurrere*.
Et l'on auroit dû être bien fâché, madame, si vous ne l'aviez pas osé. Mais Idas,
madame, doit se taire, ou plutôt doit vous
parler du jugement de Thesée sur votre
Antiope. Il en est enchanté, comme vous
pouvez bien croire, madame, et m'a chargé de vous en faire mille remerciments.
J'ai fait présent de l'autre exemplaire dont
vous m'avez honoré au Prince de Prusse.
Vous me pardonnerez aisement ce peu de
galanterie a votre égard, et m'en enver-

C c 3   rez

rez un autre exemplaire, que je ne cede-
rai surement a personne.

Continuez, madame, à enrichir le théatre et la langue du plus charmant peuple
de l'univers. Instruisez et charmez en même tems, Minerve, qui avez derobé à Venus sa ceinture.

J'ai l'honneur d'être ávec le plus profond respect.

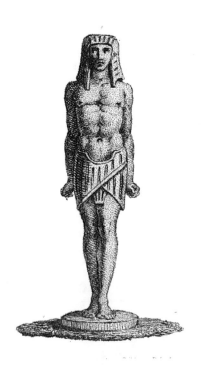

DI MADAMA

DU BOCCAGE

VI.

Parigi 2 Gennaro 1760.

Mando a V. S. Illustriss. i primi frutti
della mia scienza nella lingua italiana. Non
domanderà ella, che abbiano nella primavera la maturità autunnale; ma mi met-
teranno in istato di sperare il dono delle
sue dottissime opere, come ella mi fa l'o-
nore di chiedermi le mie. Non le crede-
va tanto felici d'essere capitate nelle mani
del Principe di Prussia. Ella ne farà l'uso
che crederà più vantaggioso alla mia fama.
Gliene manderò un esemplare col mezzo
di milord Tirconel, che va per ambasciatore di Francia a Berlino. Bramerei d'esser commensale di questo signore, per
veder d'appresso un Rè guerriero, legi-
slatore, poeta, e filosofo, cioè molti gran-

di uomini in un solo. Non sono tanto felice da poter intraprendere questo viaggio. Ma mi sarà lecito di andare nel mese
di aprile in Inghilterra, ed in Olanda,
per poter dire d'aver veduti altri che Francesi; e ripatriandomi dirò senza dubbio,
gli uomini sono simili in ogni luogo; non
hanno altra differenza che la maschera;
ma un picciol numero, qual ella è, prova, che ve ne sono dei superiori in merito, ed in gentilezza; nel qual giudizio spero di confermarmi colla lettura dei vostri gra-
ziosissimi e dottissimi autori, che stò facendo
con gran piacere, per far trascorrere qualche scintilla del loro foco ne' miei versi.
Avrei dovuto prima d'ora arricchirli d'un
tal pregio; La negligenza mi ha fatto dif-
ferire ad imparar una lingua, che non ho
avuto gran pena ad intendere, sapendo il
Latino; ma che credo difficile a bene scrivere: onde le chiedo grazia per li miei
gallicismi, e la merito per la perfetta con-
siderazione colla quale mi dichiaro.

DELLA MEDESIMA

VII.

à Paris ce 1 *Septembre* 1756.

Je vous ai une double obligation, monsieur. Votre souvenir flatte infiniment mon amour-propre, et vos reflexions sur les arts m'instruisent ; votre savoir sur la musique et la peinture éclaircit mes idées confuses, qui souvent s'accordent avec les votres. Ici depuis deux ans on dispute sanscesse sur l'opera italien et françois. Je n'ai rien vû qui réunisse mieux l'excellent des deux genres que le plan que vous en donnez. J'en ai fait part à mes amis les plus connoisseurs ; tous ont été charmés du choix que vous avez fait d'*Enée* pour mettre sur le théatre. La distribution des scenes, et les ballets sont amenés de la maniere la plus naturelle. *Iphigenie* est aussi un bon sujet. Vous en tiendrez-vous à

la

la réussite de ces deux essais? Ne nous ferez vous pas part de vos remarques judi-
cieuses sur l'architecture et la sculpture?
Je compte aller vous les demander en Italie ce printems, et vous y présenter un
grand poëme que je fais imprimer. Votre
ambassadeur qui veut bien vous faire parvenir cette lettre m'a dit que je ne vous
trouverai pas à Venise; mais j'espére vous
rejoindre à Florence, ou à Rome, dans les
lieux les plus dignes de satisfaire votre gout
éclairé. Je serois bien heureuse d'y ren-
contrer un guide tel que vous, monsieur;
et d'avoir l'occasion de vous réitérer, que
j'ai l'honneur d'être plus que personne.

DEL CONTE

ALGAROTTI

VIII.

Bologna 15 *Ottobre* 1756.

Assai tardi mi giunse la lettera sua diretta a Venezia; nè già ella mi sarebbe potuta mai giunger troppo presto. Tanto è piena di gentilezza e di grazìa. E' un fedele ritratto dell'amabilissima Dama che l'ha scritta. Mi rallegro senza fine di non aver dispiaciuto a chi sa tanto piacere. Ma quando vedrò io il suo poema, e l'amabile Poetessa? Quanta invidia io porto al signor ambasciatore nostro al quale è dato di poterla vedere, e udire in cotesto splendor di Parigi? La prego dirglielo in mio nome. Ella dunque, madama, ci vuol trattar del pari con l'Inghilterra, e vuol venire a vederci. Bisognerebbe che tornassero in vita i Tassi, e i Petrarchi per venirle a far ricevimento.

to. Io le farò corte certamente, e mi reputerò sommamente felice di potere annunziare all'Italia l'onore ch'ella ci vuol fare, e molto più se mi fosse concesso di poterla servire in alcuna cosa e obbedire.

Prault dovrebbe a quest'ora avere ristampato un mio libretto intitolato *il Congresso di Citera.* Egli vorrebbe pur esser tale da non dispiacere a lei, e alla nazion sua maestra delle grazie. Ardirei io pregarla a leggerlo, e a dirmi che le ne paja? Indirizzi le sue lettere a Venezia, donde mi saranno spedite dovunque io sia. Ella ha avuto in Italia la sorte dei grandi autori; di esser tradotta, e tradotta non molto felicemente. Ne accusi la bellezza de' suoi versi, e perdoni a se stessa le nostre colpe. Mi onori de' pregiatissimi suoi comandi, e mi creda quale con profondo rispetto ho l'onore di raffermarmi.

DI MADAMA

DU BOCCAGE

IX.

à Rome ce 11 Fevrier 1757.

Vous vous servez du credit que vous avez, monsieur, dans le monde litteraire pour m'envoyer tous les jours des nouvelles couronnes. Je les reçois volontiers des mains du Fontenelle de delà des monts. C'est le titre que vous donne un homme de mes amis qui me mande qu'il vous envoie le dernier extrait que vous m'avez demandé du *journal étranger*; Vous devez le recevoir incessament. Je cónte vous revoir avant pâques, et prendre vos commissions pour Paris ou je desirerois fort de vous ramener avec moi. Quoiqu'ami du Roi de Prusse, vous n'y seriez pas moins bien reçu. Vous y trouveriez une guerre d'une autre espece

qu'

qu'on fait aux Encyclopédistes. D'Alembert,
qui ne veut point se battre, a abandonné
ce Dictionnaire. L'abbé de Condillac un
de leurs metaphysiciens, et mon ami, vient d'
être nommé précepteur du fils de l'Infant
de Parme avec 12000 livr. de pension à vie.
Je crois qu'il est de votre Académie de
Berlin. Je vous prie de faire passer à celle de Padoue mes très humbles remercimens, et de me croire pour une éternité.

○○*○*○*○*○*○*○*○*○*

DEL CONTE

ALGAROTTI

X.

Bologna 4 Maggio 1757

Io felicito l'Italia, ch'ella, madama, vi abbia posto il bel piede; ma non felicito già
me medesimo di dovere essere in Bologna
nel tempo ch'ella sarà in Venezia. Ma
ben spero che dopo la Sensa ella verrà anche

che qui a ricevere applausi per il bellissimo
suo poema, che è stato ammirato da tanti,
sicchè mi veniva levato dalle mani a gara.
Io avrò l'oncre di farle córte qui, e reputerò quasi perduto tutto quel tempo che
io la starò aspettando. Vegga intanto se io
vaglio a servirla in cosa alcuna e tenga per
fermo che niente al mondo mi potrebbe
più piacere quanto darle contrassegni della
infinita stima e del profondo rispetto con
cui ho l'honore di raffermarmi.

DELLO STESSO

XI.

Bologna 18 Giugno 1757.

Io fo plauso a me medesimo di esser di-
venuto confratello suo nell'Accademia delle
Scienze di questo Instituto.

La elezione fu fatta giovedì passato per
acclamazione, e fu perciò convocata una
estraor-

riceverà una più distinta relazione, ed ivi

ne la ragguaglierà a nome dell'Accademia stessa. La prego dire mille cose in mio nome a mr. Duboccage, e credermi quale pieno di profondo rispetto ho l'onore di raffermarmi.

○○*○*○*○*○*○*○*○*○*○*○*

DI MADAMA

DU BOCCAGE

XII.

a Rome ce 1 Juillet 1757.

Vous faites toujours plus que vous ne promettez, monsieur. Vous m'avez flattée du plaisir d'être votre compagne dans une de vos assemblées litteraires, et vous me faites inscrire dans votre docte Académie. J'écris à mr. Zanotti pour le prier de la remercier très-humblement pour moi. Ma reconnoissance

sauce est proportionnée aux attentions don
vous m'honorez ; elles sont d'un prix qui
me permet à peine de vous parler de celles
que je voudrois avoir pour ce que vous
desireriez de moi . Je reçois à Rome les
patentes de l'Institut de Boulogne. J'espére
d'y retourner, d'avoir le plaisir de vous y
voir, et vous y remercier encore . Je me
souviens sans cesse des heureux jours que
j'y ai passé sur la montagne à votre festin
en lisant l'in-quarto royal, ou vous êtes
traité comme vous le meritez. J'ai souvent
parlé de vous dans ma route ; chacun ap-
plaudissoit aux louanges que je vous donnois,
et tout augmentoit le regret que j'avois de
n'avoir pù vous entraîner avec moi. Je
vois pourtant à regret, que vous avez quelque
raison d'attendre d'autres circonstances pour
venir ici. Maupertuis ne les craint point;
on m'écrit qu'il est en route pour l'Italie;
vous le verrez sans doute ; vous aurez bien
des choses à vous dire. Vous parlerez au
moins autant que nous avons babillé à Boulogne ; nous n'avons pas encore tout dit,
et notre projet de retraite près de Padoue
étoit fort bon . Soit que vous en jouissiez

seul, ou en compagnie, pensez, je vous prie, quelque fois à quelqu'un qui vous a toujours donné une place distinguée dans sa mémoire. Si quelqu'un daigne m'avoir dans la sienne à Venise, je vous prie de lui faire mes très-humbles complimens. Pendant que vous vous rafraîchissez sous vos ombrages, je süe à Rome. Les bontés qu'on y a pour moi me font oublier les incommodités de la chaleur, et ma foible santé s'en trouve bien. Soyez sobre dans votre retraite afin d'y jouir parfaitement des dons de la sagesse, et amassez-vous un peu de force pour la venir dépenser à Paris, ou il en faut beaucoup. Adieu, aimable hermite.

★◯★◯★◯★

★◯★◯★

★◯★

DEL CONTE

ALGAROTTI

XIII.

Boulogne 8 Juillet 1757.

Votre hermite n'est qu'un vagabond qui n'a fait que roder depuis quatre ou cinq semaines. J'ai été à l'opera de Padoue, à Venise, a differentes campagnes; de là je suis encore revenu à l'opera de Boulogne; et maintenant je suis à une campagne près d'ici. J'ai beaucoup parlé de vous, madame, avec med. Barbarigo et Zenobio, qui, quoique femmes, vous aiment et vous estiment infiniment. Je parle encore de vous ici a med. Scappi et Spada, qui sont dans le cas des autres. Voila ce qui me console un peu de n'être pas à même de vous parler. Vous êtes bien aimable, madame, de me remercier. J'ai crû faire le plus beau présent à l'Académie, et je me suis

fait à moi-même le plus grand honneur.
Je suis, madame, bien sensible à ce que
vous avez fait pour moi. Vous parlez bien
de moi en Italie, vous ecrivez pour moi
en France : cela s'appelle étendre ses bienfaits : J'espére donc par votre entremise,
que nous aurons bientôt ces morceaux du
Mercure, des *feuilles* de Freron, et du
journal étranger, ou il est parlé de mes
bagatelles, que je crois *esse aliquid* dès qu'
elles vous amusent, et que vous les approu-
vez, muse savante et aimable. J'attends
avec impatience Maupertuis que vous m
annoncez, et que l'on m'annonce aussi de
Berlin. Permettez-moi que je vous fasse
une querelle. Vous ne m'avez pas envoyé votre traduction du *Temple de la Re-
nommée* de Pope. Est-ce donc de l'abbé
Yau que je dois apprendre qu'il-y-a de
vous pareil ouvrage ? Si vous daignez, madame, dans la *nobil Roma* vous souvenir
de Boulogne, si le saint-Père ne vous a
point fait oublier le reste des mortels, sou-
venez-vous que vous en avez un ici qui
vous est inviolablément attaché. Més com-
pliments a mr. du Boccage, qui ne s'ac-
como-

comodera guères non plus que vous des chaleurs de Rome. Vous devez bien regretter en voyant le Colisée et le Pantheon votre hôtel de Coudé. Aimez un peu votre hermite tout vagabond qu'il est. Il portera par tout l'image et le souvenir de celle que l'on a appellée à juste titre, *for- mâ Venus, arte Minerva.*

DU BOCCAGE

XIV.

à Rome ce 24 Aóut 1757.

Je n'ai point eu l'honneur de repondre
à la lettre que vous m'avez ecrite à Florence, monsieur, parceque je ne l'ai reçue que hier. J'ai eu le plaisir de vous
remercier depuis que je suis à Rome de
la faveur que m'a faite l'Institut de Boulogne. Il est agréable de devoir de la reconnoissance à une personne qu'on estime
infiniment; c'est ce que je vous marquois.
Je crois que vous m'avez donné de vos
nouvelles depuis, mais j'attendois pour y
repondre que j'eusse reçu de Paris l'assurance qu'on m'avoit obligé en vous servant.
Je vous envoie ce qu'on me mande. Ne
lisez que le côté ou vous verrez une croix,
l'autre ne doit pas paroître à vos yeux;
mais

mais vous le pardonnerez, en faveur du peu d'envie que l'écrivain et la personne qui vous envoie son billet, ont de vous désobliger. Mon correspondant a fait une méprise ; il vous envoie le Poëme sur la Peinture au lieu de celui sur la musique. Je réparerai tout cela quand je serai à Paris. Je compte toujours passer par Boulogne à la fin d'octobre. Je vous écrirai plus positivement à mon retour de Naples où je compte aller le mois prochain. Il me semble que vous auriez dû faire tous ces voyages avec moi. Votre présence auroit, je vous assûre, fait oublier que vous appartenez au Roi de Prusse ; et vous voyez que Maupertuis n'a pas craint de venir à Rome, s'il est vrai, comme on me l' avoit mandé, qu'il soit en chemin: car je n'en ai plus de nouvelles. J'aurois été charmée de faire connoissance avec lui ici ou on se voit plus facilement qu'à Paris.

Aimable berger des Arcades, vous auriez dû venir à ma réception, j'en aurois eu plus de gloire, et l'assemblée plus d' émulation. Par le plaisir que j'ai à vous dire ces vérités, jugez si je vous ai oublié,

comme vous me le reprochez. Non, monsieur, je me souviendrai toujours du tems
que j'ai passé avec vous à Paris, de vos
ouvrages, de la réception que vous m'avez
faite à Boulogne, du plaisir que vous y
avez, qui vous a empêché de venir avec
moi, et de la promesse que je vous ai
faite d'aller reprendre nos conversations
au mois d'octobre. Je vous prie en attendant
de présenter mes respects à madame Scappi.
Adieu, je me flatte que vous me connoîtrez sans que je signe.

DELLA STESSA

XV.

à *Rome ce* 15 *Avril* 1758.

Je compte d'être avec vous à la fin de la semaine prochaine, ou au commencement
de l'autre, monsieur. Je m'en fais un
grand plaisir, et si je pouvois vous entraîner

ner avec moi à Paris, j'en aurois encore
d'avantage, mais j'y vois des obstacles.
La fortune éléve et abaisse tour à tour
le sort des Rois qu'elle fait tourner sur
la roüe; il seroit tems de la fixer. C'est
ce qui ne me paroît pas encore prochain. Ainsi il faudra cheminer sans vous, et aller
vous attendre au bord de la Seine, où vous
serez certainement bien reçu, c'est à dire
comme vous le méritez.

✦○✦○✦○✦○✦○✦○✦○✦○✦○✦○✦○✦

DEL CONTÉ

ALGAROTTI

XVI.

Bologna 11 Ottobre 1758.

Io la suppongo a quest'ora arrivata felicemente al paese delle grazie, delle belle
arti, e dello spirito, che dovea ben doler-
si della lontananza sua. Suppongo altresì

D d 5   ch'ella

ch'ella avrà avuto la bontà di far tenere al sig. duca di Nivernois, e al sig. abbate de Bernis ora cardinale il mio libro; del che le rendo mille e mille grazie. Mi hanno mandato da Parigi una traduzione del *Congresso di Citera*; ed io devo avere grandissimo grado al mio traduttore, che mi scrivono, senza dirmene il nome, che sia una gentilissima signorina di 16 anni. Se nel giornale *étranger* dessero qualche estratto del mio libro, la prego farmene avere i fogli per via del signor Ambasciatore Erizzo, al quale faccio mille e mille complimenti. Da qui innanzi le scriverò per mezzo suo. Questa volta questa mia lettera le sarà mandata dal p. Bettinelli gesuita italiano ch'è costì; e s'egli farà bene, le sarà portata da lui medesimo. Ora che bella opera ha ella tra le mani, con che vieppiù illustrare il tanto illustre suo nome, e la sua patria?

Io ho contratto amicizia col cardinale Passionei, che certo è amabilissimo, e credo dovere in moltissima parte le grazie che egli mi fa all'amicizia ch'ella, madama, gli avrà mostrato avere per me; e ne la rin-

ringrazio anche di questo senza fine. Ho veduto ultimamente il ringraziamento alla Accademia di mr. de s. Palaïe, che è giudiziosamente scritto, e gli fa certamente onore. Che fa il poeta vero delle Grazie, l' Ovidio corretto, che ha tutto l'ingegno del Romano e più giudizio assai, l'amabilissimo Bernard? La prego dirgli quanto io lo ami e l'onori, e quanto avidissimo io sia di leggerlo. L'abbate le Blanc ha egli mai dato fuori delle lettere che mi dicevano aver preparate sopra gli Italiani? Ella sa che io sono in un paese barbaro per la bella letteratura oltremontana. Degni ella, decima Musa, illuminare la cecità mia con alcuno de'raggi suoi. Io non finirei mai di scriverle: ma temo nojarla in cotesto suo splendore di Parigi. Mi ricordo di quella nostra signora che corteggiata da un loro generale francese a Pignerol andò a visitarlo a Parigi: dove trovatolo un po freddo, ed ella rammaricandosene, le fu risposto. *Tout ça étoit bon pour Pignerol, mais à présent nous sommes à Paris.* In qualunque luogo io mi sia, io certamente sarò il primo tra suoi servidori e ammiratori.

DU BOCCAGE

XVII.

Paris 1 *Décembre* 1758.

Vous devez avoir reçu une lettre de mr.
Duboccage, monsieur, qui vous marquoit
que nous avions remis vos excellens volumes à leurs nobles adresses; il m'a ôté le
plaisir de vous le mander, mais il n'a pû
m'arracher celui d'admirer la premiere vos
ouvrages: ils ont fait mes délices pendant
un long voyage que j'ai fait près de la
Trappe, et m'en ont ôté la solitude. Oui,
monsieur, en lisant et relisant vos lettres
imprimées, j'étois jalouse de ceux à qui
vous les écrivez, et desirois qu'elles s'adres-
sassent à moi. Je suis d'autant plus propre à gouter vos reflexions philosophiques,
que j'en fais souvent dans le même genre;

mais

mais moins bien digerées. Votre estomac
litteraire me paroît excellent; je voudrois
que le physique vous servît aussi bien : le
mien n'alloit pas mal en Italie secoué par
les rochers, et même dans les montagnes
de la Suisse, ou notre cher Apollon (*Voltaire*) ne me nourrissoit pas seulement de
ses charmans propos et de l'encens qu'il
m'a prodigué en me couronnant aux Délices, mais il m'y rassasioit des meilleurs
mets. Son joli hermitage vous est connu ;
là il chante les charmes de l'agriculture,
mieux peut-être qu'il ne les sent : sa santé
du moins me paroît aussi bonne qu'il y a
dix ans : puisse-t'-il en vivre cent comme Homere ! je l'ai quitté à regret ainsi
que je vous quittai à Boulogne. En passant
à Lyon l'Académie m'a fait la grace de
déroger en ma faveur à la loi barbaresque
qui n'y admet point de femmes; ainsi je
reviens ici chargée des lauriers que la galanterie ultramontaine et françoise et non
mon mérite m'a distribués, et de regrets
d'avoir quitté le Tibre; les eaux de Trevi
m'avoient rendu la santé qu'ici nos cuisi-
niers celebres me ruinent. Les nouvelles
y sont

y sont aussi tristes que la saison, et nos
philosophes encyclopédistes, et autres ne
le sont pas moins : avec beaucoup d'esprit
et de talent ils nous montrent la verité,
à ce qu'ils disent, mais sous le voile le plus
sombre : les moralistes chretiens en faisant
voir le néant des choses humaines du moins
nous promettent le Ciel . Si les raisonneurs
de l'antiquité nous peignent la folie de
chercher le bonheur dans les plaisirs, du
moins ils vous donnent le moyen de le
trouver dans la vertu ; mais à présent on
nous décrit amérement le malheur de notre
état en cette vie sans nous indiquer les
secrets de la rendre meilleure, ni nous la
faire espérer a l'avenir .

L'erreur de nos péres ignorans ne va-
loit-elle pas bien nos lumieres? et depuis
que nos écrivains nous donnent cent préce-
ptes sur la guerre, le commerce et la ma-
rine; tout en va-t'-il mieux? Je ne vous
envoie point de si tristes livres, mais vous
recevrez par votre ambassadeur un morceau
du *journal etranger* qui vous encense comme vous devez l'être . Il n'est pas mal
d'ôter

d'ôter (comme l'a fait votre inconnu ve‑
nitien) .l'extreme prévention qu'on a en
Italie pour Petrarque et le Dante.

Vous écrivez sous doute à l'abbé Frugoni;
dites‑lui, je vous prie, que je ne lui pardon‑
nerai le peu de cas qu'il fait des auteurs
François, que quand il me tiendra la'flat‑
teuse proposition qu'il m'a faite de tradui‑
re la *Colombiade;* je doutai un peu qu'il
ne la remplît quand il m'eut dit qu'il ne
finissoit jamais rien, et lui'fis part de ma
crainte; il m'assura que quand l'ouvrage
étoit taillé, il savoit l'achever. Ne pou‑
vant lui donner mon poëme, je lui dis
qu'il trouveroit à l'acheter a Milan. Mais
s'il avoit réellement la volonté de faire
de rien quelque chose, comme il en est
fort capable, vous pourriez le lui faire prê‑
ter; je vous en ai adressé un exemplaire
par mr. le Blond que j'avois promis a l'In‑
stitut de Boulogne comme un gage de ma
respectueuse reconnoissance.

Les vers du pére Bettinelli que l'incon‑
nu louë avec les votres et avec ceux de l'in‑
genieux Frugoni, me donnent du regret de

n'avoir

n'avoir pas vu ce jesuite qui a été obligé de partir pour Lyon avant d'avoir pû
me rendre votre lettre.

Je ne vous envoie point ce que vous
me demandez sur le *Congrès de Cythè-
re*; comme la traduction est françoise,
le *journal étranger* n'en parle point. Vous
ne me paroîssez pas content, de votre
imitateur dans vos lettres imprimées : ainsi les journaux françois ne l'auront pas
sans-doute beaucoup vanté ; je ne puis
rien vous en dire ; mais je sais tout ce
que vous meritez, et j'ai pris effectivement
la liberté de m'en entretenir souvent avec
mr. le cardinal Passionei : je lui mande
aujourd'hui que vous vous loüez beaucoup
de ses politesses ; si vous pensiez sur mon
compte, comme je le desire, vous ne me
remercieriez point du plaisir que j'ai à
vous rendre justice. Mr. Bernard à qui j'
ai fait voir vos complimens flatteurs sait
que je desire la paix pour mille raisons,
et que l'espoir de vous revoir ici y entre
pour beaucoup. Je suis de votre avis sur
le remerciment de mr. de sainte — Palaïe à
l'Académie. Je le lui ai dit en lui mon-
trant

trant l'article de votre lettre qui le regarde. On vient de reimprimer avec succés
sa *chevalerie;* vous savez que je pense que
les *Cicisbei* en sont un reste. Les lettres
de l'abbé le Blanc ne paroissent point encore; pour celles qu'il a écrites sur les Anglois, ils lui ont reproché qu'il ne les con-
noissoit point; si les Italiens lui font le
même reproche, ils peuvent du moins lui
assurer qu'il en est bien connu. Vous vo-
ïez, monsieur, par l'immense longueur
de cette lettre que tout le monde n'est
pas si occupé a Paris que vous le pensez,
et qu'on peut longuement nous écrire sans
craindre de nous importuner, sur-tout quand
on signe Algarotti: nous etions convenus
d'ôter ce ceremonial entre nous; je vous
en donne l'exemple, et finis par vous assù-
rer de la part que je prends a votre santé
et à votre gloire, c'est à dire à tout ce
qui vous touche. Si mdes. les marquises
Spada et Scappi se souviennent encore de
moi, je vous prie de les assurer de ma
respectueuse reconnoissance.

INDICE

Delle Lettere contenute nel Tomo XVI.

Fine del Tomo Decimosesto.